러시아 북극의 인문공간 Ⅱ

중앙부 편

이 연구는 극지연구소 국내 학·연 극지연구진흥프로그램
사업(PE19900)의 지원을 받아 수행되었습니다.

러시아 북극의 인문공간 II

중앙부 편

최우익 · 라승도 · 김봉철 지음

한국외국어대학교 극지연구센터
극지연구총서 03

HUINE

머리말

『러시아 북극의 인문공간』 시리즈 두 번째 책을 독자에게 선보인다. 한국외국어대학교 극지연구센터는 2020년 러시아 북극 북서부 편을 출판하였고, 2021년 올해에는 중앙부 편을 출판하게 되었다. 내년 2022년에는 마지막 극동부 편으로 이어질 예정이다. 러시아 북극 중앙부 편에서는 우랄연방관구의 야말로네네츠자치구, 한티만시자치구, 그리고 시베리아연방관구의 크라스노야르스크변강주가 소개된다.

제1부에는 저자들의 논문이 실렸는데, 북극에 대해 인문·사회과학적으로 접근한 논문임과 동시에 이 글들에서 노릴스크, 나딤, 노비우렌고이 등 북극 현지 주민들의 삶의 단면을 엿볼 수 있다. 제2부에서는 중앙부 편에 속한 야말로네네츠, 한티만시, 크라스노야르스크 세 지역의 개관을 실었다. 제3부에는 자원과 환경에 초점을 둔 세 편의 칼럼을 실었는데, 이를 통해 독자들은 오늘날 북극 환경이 처한 변동과 모순의 현실을 이해할 수 있을 것이다. 마지막으로 제4부에서는 살레하르트, 노비우렌고이, 크라스노야르스크에서 필자들이 촬영한 사진을 중심으로 북극의 이미지를 전달하고 있다.

이 출판 시리즈는 기본적으로 매년 러시아 북극을 현지 조사하면서 얻은 학술 지식과 현장 정보를 전달할 목적으로 기획되었다. 이를 위해 1년 중에 동계와 하계 두 번 현지 조사를 진행하고 있는데, 이번에 출판된 두 번째 책과 관련한 2020년 동계 현지 조사는 무사히 완수되었지만, 아쉽게도 2020년 하계 현지 조사는 코로나 팬데믹으로 성사될 수 없었다. 대신 책에 세 지역의 개관을 실어 내용을 보강하였다.

사실 세계는 지금 코로나 팬데믹으로 고통받고 있으며 삶의 많은 부분이 변했다. 러시아 북극도 코로나로 많은 영향을 받고 있다. 단적인 예를 들면 무엇보다도 수많은 이주 노동자가 러시아 북극을 왕래하고 있는데, 이때 코로나는 이들에게나 현지 주민에게나 매우 껄끄러운 존재일 수밖에 없으며, 결국 많은 사람의 삶을 힘겹게 하고 있다. 따라서 코로나가 러시아 북극에 미친 영향은 이제 북극 연구에서 또 하나의 중요한 연구 과제가 되었다. 부디 2021년에는 북극 현지 조사도 무사히 완수되고, 코로나 영향에 관한 연구도 잘 진행되어 2022년 내년 출판할 책에 더욱더 값진 내용이 실리길 기대한다.

이 책에는 최우익, 라승도, 김봉철 교수의 쉼 없는 노력과 땀이 배어 있다. 무엇보다도 김현진과 박성령 조교의 헌신은 이 책의 출판에 크게 이바지했다. 또한, 이양경, 조은비, 카이롤라 굴자나르, 강하람 조교들에게도 감사를 표한다. 아무쪼록 이 책이 러시아 북극 연구에 관심 있는 독자들에게 값진 성과로 다가가기를 바란다.

2021년 2월

최우익

제1부

러시아 북극의 인문공간:
인문 · 사회과학적 접근

제1장

러시아 북극의 인구 이주와 교대 노동의 출현

최우익

Ⅰ. 머리말

인류 역사에서 이주는 공동체와 공동체를 이어주는 주요 통로였다. 근대 세계로 들어와 이주는 더욱 대규모로 빠르게 진행되었고, 급기야 20세기 말, 21세기 초 세계화 현상과 함께 전 지구적 이주는 이제 우리 모두의 일상이 되었다. UN 통계에 따르면, 태어난 조국을 떠나 해외에 거주하는 이주민은 2005년 약 2억 명에 달하며, 이것은 1960년 7,500만 명의 2.5배가 넘는 수치이다.[1]

미소 냉전 시대에 자본주의와 사회주의 각 진영의 인구 이주는 자신의 경계 안에서 맴돌았지만, 1980년대 사회주의권의 붕괴로 새로운 국면을 맞이하게 되었다. 소련 시대에 구축한 지배 질서가 와해하면서 러시아는 시장개혁 초기에 극심한 인구 이동의 혼란을 겪었다. 우선 소련의 지배를 공고히 하기 위해 여러 해외 지역에 자의 반 타의 반 배치되었던 러시아인의 귀환이 물밀듯 일어났다. 1989~2002년 약 10여 년간 구소련으로부터 러시아로 유입한 이주민만 약 1,100만 명이었고, 유출 인구는 약 400만 명이었다. 러시아로 유입한 이주민의 1/3은 카자흐스탄에서 왔으며, 중앙아시아로부터도 그 정도 이주민이 유입하였다. 20%는 캅카스 지역 국가들, 8%는 우크라이나, 5%는 발트국가들로부터 온 사람들이었다. 하지만 이들의 2/3는 사실 러시아인 귀환자들이었다.[2]

러시아 국내에서도 이주가 활발하게 일어났다. 1990~2005년 기간에 국제이주민을 제외한 국내이주민 수는 약 3,850만 명에 달했다.[3] 특히 시베리아, 극동, 북극과 같이 척박한 자연환경과 혹독한 기후 지역에서 생활과 거주를 보장했던 여러 사회경제적 제도가 무너지면서 이곳으로부터의 탈출이 봇물 터지듯 일어났다. 이들은 양호한 자연환경과 기후 조건을 지닌 러시아 남서부와 상대적으로 경제가 활성화하여 창업과 취업의 기회를 얻을 수 있는 러시아 중서부로 이동하였다.[4] 이러한 국내외 인구 이주의 혼란은 1990년대부터 2000년대 중반까지 이어졌으며, 이 시점 국내 및 국제이주 모두 포함하여 러시아 국민의 약 1/3이 이주를 겪었고, 비공식 이주까지 포함하면 그 비율은 더 높을 것으로 추산되었다.[5]

그런데 2000년대 중반부터는 이주의 성격이 변하기 시작했다. 2000년대 전반까지도 60~70%에 달했던 국제이주민 중 러시아인 비율은 2005년 56%, 2006년 43%, 2007년 30%로 떨어지기 시작했다.[6] 대신 외국 시민권자들이나 외국인 노동자들의 유입이 늘기 시작했다. 즉 이제는 러시아인의 귀환이 아닌 노동 이주가 본격화한 것이다.[7] 하지만 이러한 이주는 주로 독립국가연합 및 발트 지역 국가들과 이루어졌다. 그 이유는 러시아와 이들 지역이 지리적으로 가까울 뿐만 아니라 육로, 해로, 항로로 연결되어 있고, 특히 이들 이주 노동자 중

다수는 과거 구소련 국민으로서 러시아어를 구사할 수 있기 때문이다. 이러한 과정을 거치면서 러시아는 세계의 인구 이주 과정에 합류했다.

본 연구에서 초점을 두는 주제는 바로 러시아 북극의 인구 이주이다. 역시 러시아 북극도 이러한 세계적 인구 이주 과정에 속해 있으면서도, 이곳은 지리적, 기후적, 환경적 특징이 두드러진 지역이기 때문에 이곳만의 인구 이주의 특수성이 있을 것이다. 시장 개혁기에 이곳으로부터 많은 인구가 유출했다는 점은 이미 알려진 사실이다. 그러면서도 러시아 북극의 다수 지역은 21세기 지구온난화와 산업 개발로 새로운 사회경제적 상황에 놓이게 되었다. 지속적인 인구 유출은 산업 개발에 필요한 인적 자원과 노동력 유지를 어렵게 하고 있다. 따라서 이곳의 인구 문제는 이제 새롭게 조명되어야 할 연구과제이다.

이 논문에서는 2010년대 러시아 북극의 인구 이주 과정을 분석하면서, 이중 특히 산업 개발에 필요한 인적 자원과 노동 잠재력 확보 문제로서 국제이주민의 유입과 외국인 노동자, 그리고 북극의 특수한 이주 형태로서의 교대 노동에 초점을 두고자 한다. 2장에서는 기존 연구 동향과 연구 방법에 관해 기술하며, 3장에서는 러시아 북극의 인구 이주 양상, 4장에서는 외국인 노동자의 유입과 교대 노동, 5장에서는 논문 내용을 요약하고 의의를 기술한다.

II. 기존 연구 동향과 연구 방법

러시아 북극의 이주 문제에 관해서는 일부 연구가 꽤 진행되었지만, 여전히 충분한 것은 아니다. 북극의 이주 문제에 관해 러시아 학자들이 진행한 대표적인 연구 분야를 꼽으면 이주 과정과 노동 문제[8], 지역별 이주 문제[9] 등에 대한 것이 있다. 영미권의 대표적인 연구 성과로는 T. Heleniak의 1990~2010년 기간 러시아 극북 지역의 인구학적 이주 과정에 대한 일련의 연구를 꼽을 수 있다. 그는 일반적인 사회경제적 상황과 개인의 성격과 태도를 결합하여 이주 과정을 분석하였다.[10]

이러한 연구들이 오늘날 러시아 북극에 대한 인구학적 상황과 이주 과정 연구에 크게 이바지하였다는 것은 자명하다. 그러면서도 더 보완할 할 점들이 있는데 예를 들어 많은 연구가 러시아 북극(Арктика)이 아니라, 러시아 극북(Крайний Север) 지역을 연구 대상으로 삼고 있다는 점이다. 북쪽의 맨 끝을 의미하는 '극북'의 정의와 경계는 현실 상황에 따라 다소 유동적이며, 제도적, 경제적 기준에 따라 특정 지역이 포함되거나 배제될 수 있다.[11] 혹은 러시아 북극을 하나의 범주로 묶어 연구하기보다는 일정 지역에 초점을 둔 연구가 주를 이루었다. T. Heleniak 연구의 경우에는 2010년대 이후까지 연구 기간이 연장되지는 않았다. 2007년 〈자녀가 있는 가정에 대한 국가 지원의 추가 조치에 관하여〉 연방법[12]이나 2008년 〈2020년까지 기간과 그 이후 북극에서의 러시아연방 국가정책의 기초〉[13] 대통령 명령 등 일련의 국가적 조치들은 2010년대에 북극 주민의 출산율을 높이고 삶의 질을 어느 정도 향상하는 데에 일조한 것으로 평가된다. 따라서 2010년대 러시아 북극의 인구학적 상황이나 이주의 성격에서 새로운 경향과 특징을 발견할 수 있을 것이다.

이 연구는 2010년대 기간을 주요 연구 범위로 하되, 러시아 북극을 하나의 범주로 묶어 인구의 이주 과정을 살펴보고자 한다. 그동안 몇 차례 수정과정이 있었는데, 2020년 3월 개정된 러시아 대통령령에 따르면 러시아 북극의 육상

[그림 1-1] 러시아 법령으로 정해진 러시아 북극 지역[17]

지역은 무르만스크주, 네네츠자치구, 추콧카자치구, 야말네네츠자치구, 카렐리야공화국(3개 군), 코미공화국(1개 시), 사하공화국(13개 군), 크라스노야르스크변강주(1개 시, 2개 군), 아르한겔스크주(3개 시, 3개 군, 1개 섬) 등이다.[14] 본 연구는 [그림 1]의 9개 지역이 속한 9개의 주(혹은 변강주, 공화국, 자치구 등)들을 하나의 범주로 묶어 분석한다.[15]

이 연구는 기본적으로 러시아 통계청에서 발간하는 다양한 자료들을 활용하여 인구 이주 과정을 분석한다. 북극 9개 지역에 대한 통계 정보를 얻기 위해서는 러시아 85개 연방 주체별로 지역 정보가 정리된 통계 자료들을 활용하여 이 중 북극 지역에 대한 정보만을 선별해 종합할 필요가 있다. 85개 연방 주체별 지역의 인구학적 정보를 얻을 수 있는 러시아 통계청 주요 자료는 다음과 같다.

Регионы России. Социально-экономические показатели
(러시아 지역: 사회경제 지표)

Демографический ежегодник России (러시아 인구연감)

이 자료들은 매년, 혹은 격년으로 출판되는데, 이 논문에서 필요한 내용의 통계 수치를 목적에 맞게 하나의 표로 작성하기 위해서는 여러 해의 자료와 다양한 통계 수치들을 재구성할 필요가 있다. 필요한 경우 작성한 표 부분의 본문 혹은 각주에 통계 출처와 함께 재구성 방식을 설명한다. 요약하면 이 연구는 다양한 통계 자료에 흩어져 있는 통계 정보를 연구 목적에 맞게 재구성하고 종합하여 러시아 북극 이주 과정의 추이와 경향을 체계적으로 분석하고 특성을 파악하는 방식으로 진행된다. 이외에도 여러 학자와 연구기관의 연구 성과들을 참고하였다.

현재 러시아 통계청 자료들은 2019년 판까지 출판되었는데, 이 자료들에는 그 전년도 통계 수치까지 실려 있다. 따라서 이 논문의 가장 최근 정보는 2018년 통계수치이다.

Ⅲ. 러시아 북극의 인구 이주

1. 러시아 북극의 인구 변화

러시아 인구는 1990년대 초 약 1억 4,800만 명이었다가 2000년대 후반 약 1억 4,200만 명으로 감소하였다. 이렇게 짧은 시간에 많은 인구가 감소한 이유

[표 1] 러시아 북극 지역 인구 변화 추이(단위: 천 명)[18]

	1990	1995	2000	2005	2010	2015	2017	2018
러시아	148274	148292	146304	143236	142865	146545	146880	146781
카렐리	791	764	729	676	643	630	622	618
코미	1240	1133	1043	963	899	857	841	830
아르한	1517	1433	1328	1240	1183	1130	1111	1100
네네츠	52	43	41	42	42	44	44	44
무르만	1189	1037	923	839	794	762	754	748
야말	489	487	498	517	525	534	538	541
크라스	3163	3100	3001	2869	2829	2866	2876	2874
사하	1119	1020	958	954	958	960	964	967
추콧카	158	84	57	52	51	50	50	50
북극 합계	9,718	9,101	8,578	8,152	7,924	7,833	7,800	7,772

는 시장개혁의 과도기적 후유증 때문이었다. 하지만 그 후 인구수가 어느 정도 회복되어 2018년 무렵에는 약 1억 4,700만 명 가까이 되었다([표 1] 참조). 이렇게 인구가 회복할 수 있었던 이유는 부분적으로 출산율 상승에 따른 인구의 자연증가가 영향을 준 것도 있지만, 무엇보다도 국제이주민의 꾸준한 유입이 러시아 인구 증가에 큰 몫을 했기 때문이라고 평가할 수 있다. 러시아에서 인구의 자연증가가 본격화한 것은 2013년부터였지만,[18] 러시아의 총인구가 증가세로 돌아서기 시작한 것은 이미 2009년부터였다.[19] 1990년대부터 2008년까지 국제이주민의 순유입 규모만도 약 439만 명 정도였으며, 그 후 2009년부터 2018년까지도 약 243만 명의 국제이주민이 꾸준히 순유입하였다.[20] 따라서 현재 러시아의 인구를 회복하고 유지하는 데에는 국제이주민의 유입이 큰 영향을 주었다고 평가할 수 있다.

그런데 [표 1]에서 알 수 있듯 북극 인구는 1990년 972만 명에서 2018년 777

만 명으로 현재까지도 계속 감소하고 있다.[21] 최근 2010년대 중반 이후 일부 지역에서 인구가 유지되거나 조금 증가한 곳도 나타나지만, 1990년을 기준으로 했을 때 북극 전체 인구는 현재까지 거의 200만 명 감소했고, 이는 약 20%에 달하는 비율이다.

이렇게 러시아 북극 인구가 계속 감소하는 현상에 대해 인구의 자연 증감(출생과 사망)과 이주(유입과 유출) 두 측면으로 나누어 살펴보면 다음과 같다. 우선 자연 증감 현상을 먼저 살펴보면, 이 현상은 북극의 9개 지역마다 다양한 양상을 띠는데, 카렐리야, 아르한겔스크와 같은 지역은 1990년대부터 현재까지 항상 자연감소 상태였지만, 네네츠, 야말네네츠, 사하, 추콧카와 같은 지역은 항상 자연증가 상태를 유지하였다. 코미, 무르만스크, 크라스노야르스크는 자연감소 상태였다가 2010년을 전후하여 자연증가 상태가 되었다.[22] 따라서 적어도 2010년대에는 북극의 다수 지역에서 인구의 자연증가 현상이 나타났다고 평가할 수 있다. 그런데도 현재까지 북극 전체 인구가 계속 감소하는 이유는 바로 이곳으로부터 그 이상의 인구가 유출되기 때문이라고 할 수 있다. 따라서 북극의 인구 문제를 더 깊이 살펴보려면 바로 인구의 이주 추이를 더 면밀하게 분석할 필요가 있다.[23]

[표 2]는 러시아 통계청 자료『러시아 지역: 사회경제 지표』를 활용하여 1990년부터 2018년 시점까지 러시아 북극 지역 인구의 이주 추이를 정리한 것이다. 이 표는 인구의 유입과 유출 규모를 서로 가감하여 순유입 혹은 순유출 결과만 보여준다. 이에 따르면 북극 지역 대부분에서 1990년대부터 2018년 시점까지 순유출 현상이 계속나타나고 있음을 알 수 있다. 특히 코미, 무르만스크, 추콧카의 경우는 만 명당 세 자릿수의 순유출 현상이 지속한 해가 많으며, 카렐리

[표 2] 러시아 북극 지역 인구의 이주 증감 추이(단위: 만 명당 명수)[24]

	90	95	00	05	06	07	08	09	10	11	12	13	14	15	16	17	18
러시아	19	44	25	20	22	25	25	24	19	22	21	21	19	17	18	14	9
카렐리	−35	−16	−13	−115	−93	−29	−33	−36	−54	−18	−15	−13	−7	−12	−16	−31	−21
코미	−134	−176	−108	−163	−162	−98	−129	−109	−139	−112	−122	−120	−107	−102	−81	−112	−111
아르한	−78	−88	−78	−72	−70	−46	−61	−49	−83	−81	−88	−85	−68	−72	−56	−70	−61
네네츠	−169	−271	−62	−21	−26	−19	−47	14	−50	32	12	−3	1	23	−73	−53	−89
무르만	−77	−250	−165	−169	−156	−93	−105	−60	−69	−77	−101	−129	−65	−57	−57	−46	−59
야말	−143	120	−22	−24	4	−45	−114	−79	−88	118	−21	−150	−112	−223	−65	−45	−32
크라스	−27	−5	−16	−64	−54	−15	−8	−1	−15	28	13	5	3	10	17	3	−1
사하	−60	−219	−92	−28	−29	−34	−69	−66	−71	−102	−87	−96	−70	−56	−43	−48	−31
추콧카	−355	−1269	−704	73	64	−56	−156	−196	−174	102	−66	−70	−30	−117	−103	−132	48

야, 아르한겔스크, 사하의 경우는 만 명당 두 자릿수의 순유출 현상이 이어진 해가 많다. 네네츠와 야말네네츠의 경우는 대체로 순유출 현상이 이어지지만, 드문드문 순유입 현상이 나타난 해가 있다. 크라스노야르스크는 2010년까지는 순유출 현상이 지속했지만, 그 후에는 순유입 현상이 한동안 지속한 유일한 지역이다. 따라서 2010년대 크라스노야르스크, 그리고 일부 지역의 몇몇 해를 제외하고는 러시아 북극에서 시장 개혁기부터 현재까지도 인구가 지속해서 유출한 것이다.

이처럼 러시아 북극 지역으로부터 인구가 계속 유출하고 있는 이유는 소련 시대에는 국가가 이 지역 주민의 생활과 일자리를 보장하고, 기업의 생산을 책임졌는데, 1990년대 시장 개혁기에 들어와 그동안 유지되었던 국가의 다양한 복지 시스템과 사회 인프라, 그리고 기업 지원 체제가 와해했기 때문이라고 할 수 있다.[24] 따라서 이처럼 1990년대부터 지금까지 북극 지역 대부분에서 인구 유출 현상이 큰 규모로 계속되고 있는 것이고, 결국 많은 지역에서 인구의 자연 증가 현상이 있었음에도 총인구는 감소하고 있다.

2. 러시아 북극의 2010년대 인구 이주 양상

북극 지역에서 인구가 유출만 하는 것은 아니다. 동시에 인구의 유입도 작지 않은 규모로 일어나고 있다. 따라서 국내 이주민과 국외 이주민의 유입과 유출 모두를 종합적으로 살펴볼 필요가 있다. 지역별 인구 이주에 대한 정보를 제공하는 러시아 통계청 자료는 『러시아 인구연감』이다. 그런데 북극 지역에 대한 정보 중에서 과거에는 아르한겔스크주와 네네츠자치구, 그리고 튜멘주와 야말네네츠자치구의 통계 수치가 분리되지 않고 합쳐져 표시되었는데, 2014년 판

『러시아 인구연감』부터 각 지역 통계 수치가 분리되지 않고 각각 제공되기 시작했다.[25] 당연히 이 수치의 정확도가 더 높아서 2014년 판부터의 통계 수치를 이 논문에서는 활용하고자 한다. 그런데 2015년 판부터는『러시아 인구연감』이 격년으로 출판되었기 때문에, 2014년 판, 2015년 판, 2017년 판, 그리고 현 시점에서 가장 최근 판인 2019년 판 등 네 자료의 통계 수치를 활용해 2010년대 러시아 북극의 인구 이주 추이를 분석한다. 단 앞에서도 언급한 것처럼 각 판에는 그 전년도 통계 수치가 제시되기 때문에 실제 분석 대상이 되는 시점은 2013년, 2014년, 2016년, 2018년이다. 이렇게 4개년 정도의 통계 정보라면 2010년대 추이를 분석하는 데에 충분한 분량이라고 할 수 있다.

아래에 보이는 것처럼 4개년의 해마다 하나씩 표를 만들었고, 각 표에는 기본적으로 해당 북극 인구의 국내 유입과 유출, 국외 유입과 유출 통계 수치를 정리하였으며, 국내 유입과 유출은 다시 해당 지역 내의 유입과 유출, 국내 다른 지역과의(지역 외) 유입과 유출로 나누어 통계 수치를 정리했다. 이렇게 정리하면 각 지역의 인구 이주에 대한 모든 정보를 알 수 있다. 그리고 각 지역의 총 유입(유출) 인구 대비 국내(지역 내, 지역 외) 및 국외 유입(유출) 인구 비율을 계산하여 괄호 안에 제시했다. 각 표의 하단에는 유입과 유출 인구수를 가감한 순 이주(순유입 혹은 순유출) 인구수가 계산되어 있다. 유입과 유출 수를 서로 가감했을 때 유입 수가 더 크면 플러스, 유출 수가 더 크면 마이너스로 순 이주 수치가 표시된다. 각 표의 우측에는 각 지역의 인구와 인구 대비 총 유입(유출) 인구 비율을 별도로 계산해 제시했다. 이를 통해 각 지역의 총 이주 비율이 어느 정도인지 알 수 있고, 다른 지역과 그 수준을 비교할 수 있다. 또한, 각 표에는 러시아 전체 국민 차원의 이주 수치를 제시하여 북극 지역의 수치와 비교할 수 있게 했다.

[표 3] 2018년 러시아 북극 인구의 국내 유출입 및 국외 유출입 상황[26]

2018 유입	총 유입(명)	국내 유입	지역내유입	지역외유입	국외 유입	총인구 대비 총 유입 비율 (%)	총인구(명)
러시아	4911566 (100)	4345881 (88)	2061251 (42)	2284630 (47)	565685 (12)	3.3	14678070
카렐리	23714 (100)	22161 (93)	13784 (58)	8377 (35)	1553 (7)	3.8	618000
코미	32746 (100)	31695 (97)	17842 (54)	13853 (42)	1051 (3)	3.9	830200
아르한	41471 (100)	40213 (97)	24936 (60)	15277 (37)	1258 (3)	3.8	1100300
네네츠	2422 (100)	2309 (95)	1298 (54)	1011 (42)	113 (5)	5.5	43800
무르만	39193 (100)	35460 (90)	11026 (28)	24434 (62)	3733 (10)	5.2	748100
야말	36052 (100)	30549 (85)	7479 (21)	23070 (64)	5503 (15)	6.7	541500
크라스	130994 (100)	113808 (87)	74160 (57)	39648 (30)	17186 (13)	4.6	2874000
사하	42338 (100)	39226 (93)	26694 (63)	12532 (30)	3112 (7)	4.4	967000
추콧카	5401 (100)	5275 (98)	1007 (19)	4268 (79)	126 (2)	10.9	49700
2018 유출	**총 유출(명)**	**국내 유출**	**지역내유출**	**지역외유출**	**국외 유출**	**총인구 대비 총 유출 비율 (%)**	**총인구(명)**
러시아	4786712 (100)	4345881 (91)	2061251 (43)	2284630 (48)	440831 (9)	3.3	14678070
카렐리	25034 (100)	23331 (93)	13784 (55)	9547 (38)	1703 (7)	4.1	618000
코미	42022 (100)	40484 (96)	17842 (42)	22642 (54)	1538 (4)	5.1	830200
아르한	48172 (100)	46677 (97)	24862 (52)	21815 (45)	1495 (3)	4.4	1100300
네네츠	2814 (100)	2566 (91)	1372 (49)	1194 (42)	248 (9)	6.4	43800
무르만	43595 (100)	39866 (91)	11026 (25)	28840 (66)	3729 (9)	5.8	748100
야말	37787 (100)	34211 (91)	10005 (26)	24206 (64)	3576 (9)	7.0	541500
크라스	131272 (100)	118000 (90)	74160 (56)	43840 (33)	13272 (10)	4.6	2874000
사하	45278 (100)	44404 (98)	26694 (59)	17710 (39)	874 (2)	4.7	967000
추콧카	5164 (100)	5089 (99)	1007 (20)	4082 (79)	75 (1)	10.4	49700

2018 순이주	순 이주(명)	국내 이주			국외 순 이주	총인구 대비 총 이주 비율 (%)	총인구(명)
			지역내이주	지역외이주			
러시아	124854	–	–	–	124854	–	146780700
카렐리	−1320	−1170	–	−1170	−150	–	618000
코미	−9276	−8789	–	−8789	−487	–	830200
아르한	−6701	−6464	74	−6538	−237	–	1100300
네네츠	−392	−257	−74	−183	−135	–	43800
무르만	−4402	−4406	–	−4406	4	–	748100
야말	−1735	−3662	−2526	−1136	1927	–	541500
크라스	−278	−4192	–	−4192	3914	–	2874000
사하	−2940	−5178	–	−5178	2238	–	967000
추콧카	237	186	–	186	51	–	49700
극합계	−26,807	−33,932	−2,526	−31,406	7,125	–	–

[표 4] 2016년 러시아 북극 인구의 국내 유출입 및 국외 유출입 상황[27]

2016 유입	총 유입(명)	국내 유입	지역내유입	지역외유입	국외 유입	총인구 대비 총 유입 비율 (%)	총인구(명
러시아	4706411 (100)	4131253 (88)	2041392 (43)	2089861 (44)	575158 (12)	3.2	14680440
카렐리	23305 (100)	21374 (92)	13461 (58)	7913 (34)	1931 (8)	3.7	627100
코미	35163 (100)	33439 (95)	19330 (55)	14109 (40)	1724 (5)	4.1	850500
아르한	38967 (100)	37149 (95)	22850 (59)	14299 (37)	1818 (5)	3.5	1121800
네네츠	2137 (100)	1938 (91)	1089 (51)	849 (40)	199 (9)	4.9	43900
무르만	38819 (100)	34406 (89)	10708 (28)	23698 (61)	4413 (11)	5.1	757600
야말	36283 (100)	31419 (87)	7766 (21)	23653 (65)	4864 (13)	6.8	536000
크라스	124478 (100)	110007 (88)	71548 (57)	38459 (31)	14471 (12)	4.3	2875300
사하	36715 (100)	35339 (96)	22763 (62)	12576 (34)	1376 (4)	3.8	962800
추콧카	4280 (100)	4199 (98)	754 (18)	3445 (80)	81 (2)	8.6	49800
2016 유출	**총 유출(명)**	**국내 유출**	**지역내유출**	**지역외유출**	**국외 유출**	**총인구 대비 총 유출 비율 (%)**	**총인구(명**
러시아	4444463 (100)	4131253 (93)	2041392 (46)	2089861 (47)	313210 (7)	3.0	14680440
카렐리	24313 (100)	22621 (93)	13461 (55)	9160 (38)	1692 (7)	3.9	627100
코미	42095 (100)	41057 (98)	19330 (46)	21727 (52)	1038 (2)	4.9	850500
아르한	45233 (100)	44394 (98)	22752 (50)	21642 (48)	839 (2)	4.0	1121800
네네츠	2457 (100)	2331 (95)	1187 (48)	1144 (47)	126 (5)	5.6	43900
무르만	43162 (100)	39555 (92)	10708 (25)	28847 (67)	3607 (8)	5.7	757600
야말	39774 (100)	36099 (91)	10496 (26)	25603 (64)	3675 (9)	7.4	536000
크라스	119650 (100)	112813 (94)	71548 (60)	41265 (34)	6837 (6)	4.2	2875300
사하	40868 (100)	40149 (98)	22763 (56)	17386 (43)	719 (2)	4.2	962800
추콧카	4796 (100)	4793 (100)	754 (16)	4039 (84)	3 (0)	9.6	49800

2016 순이주	순 이주(명)	국내 이주	지역내이주	지역외이주	국외 순 이주	총인구 대비 총 이주 비율 (%)	총인구(명)
러시아	261948	–	–	–	261948	–	146804400
카렐리	−1008	−1247	–	−1247	239	–	627100
코미	−6932	−7618	–	−7618	686	–	850500
아르한	−6266	−7245	98	−7343	979	–	1121800
네네츠	−320	−393	−98	−295	73	–	43900
무르만	−4343	−5149	–	−5149	806	–	757600
야말	−3491	−4680	−2730	−1950	1189	–	536000
크라스	4828	−2806	–	−2806	7634	–	2875300
사하	−4153	−4810	–	−4810	657	–	962800
추콧카	−516	−594	–	−594	78	–	49800
극합계	−22,201	−34,542	−2,730	−31,812	12,341	–	–

[표 5] 2014년 러시아 북극 인구의 국내 유출입 및 국외 유출입 상황[28]

2014 유입	총 유입(명)	국내 유입			국외 유입	총인구 대비 총 유입 비율 (%)	총인구(명
			지역내유입	지역외유입			
러시아	4624864 (100)	4046353 (87)	2069515 (45)	1976838 (43)	578511 (13)	3.2	14626730
카렐리	23262 (100)	21217 (91)	13930 (60)	7287 (31)	2045 (9)	3.7	632500
코미	32931 (100)	31133 (95)	18401 (56)	12732 (39)	1798 (5)	3.8	864500
아르한	34316 (100)	33246 (97)	20516 (60)	12730 (37)	1070 (3)	3.0	1139900
네네츠	2217 (100)	2042 (92)	1148 (52)	894 (40)	175 (8)	5.1	43400
무르만	37933 (100)	33729 (89)	10831 (29)	22898 (60)	4204 (11)	5.0	766300
야말	43252 (100)	30986 (72)	7790 (18)	23196 (54)	12266 (28)	8.0	540000
크라스	113508 (100)	104422 (92)	67997 (60)	36425 (32)	9086 (8)	4.0	2858800
사하	31486 (100)	30755 (98)	19833 (63)	10922 (35)	731 (2)	3.3	956900
추콧카	4814 (100)	4547 (94)	851 (18)	3696 (77)	267 (6)	9.5	50500
2014 유출	**총 유출(명)**	**국내 유출**			**국외 유출**	**총인구 대비 총 유출 비율 (%)**	**총인구(명**
			지역내유출	**지역외유출**			
러시아	4354828 (100)	4046353 (93)	2069515 (48)	1976838 (45)	308475 (7)	3.0	14626730
카렐리	23702 (100)	22596 (95)	13930 (59)	8666 (37)	1106 (5)	3.7	632500
코미	42234 (100)	40756 (97)	18401 (44)	22355 (53)	1478 (3)	4.9	864500
아르한	42043 (100)	41555 (99)	20491 (49)	21064 (50)	488 (1)	3.7	1139900
네네츠	2211 (100)	2202 (100)	1173 (53)	1029 (47)	9 (0)	5.1	43400
무르만	42931 (100)	40425 (94)	10831 (25)	29594 (69)	2506 (6)	5.6	766300
야말	49320 (100)	40200 (82)	10323 (21)	29877 (61)	9120 (18)	9.1	540000
크라스	112573 (100)	108690 (97)	67997 (60)	40693 (36)	3883 (3)	3.9	2858800
사하	38194 (100)	37747 (99)	19833 (52)	17914 (47)	447 (1)	4.0	956900
추콧카	4968 (100)	4961 (100)	851 (17)	4110 (83)	7 (0)	9.8	50500

2014 순이주	순 이주(명)	국내 이주			국외 순 이주	총인구 대비 총 이주 비율 (%)	총인구(명)
			지역내이주	지역외이주			
러시아	270036	–	–	–	270036	–	146267300
카렐리	−440	−1379	–	−1379	939	–	632500
코미	−9303	−9623	–	−9623	320	–	864500
아르한	−7727	−8309	25	−8334	582	–	1139900
네네츠	6	−160	−25	−135	166	–	43400
무르만	−4998	−6696	–	−6696	1698	–	766300
야말	−6068	−9214	−2533	−6681	3146	–	540000
크라스	935	−4268	–	−4268	5203	–	2858800
사하	−6708	−6992	–	−6992	284	–	956900
추콧카	−154	−414	–	−414	260	–	50500
북극합계	−34,457	−47,055	−2,533	−44,522	12,598	–	–

[표 6] 2013년 러시아 북극 인구의 국내 유출입 및 국외 유출입 상황[29]

2013	총 유입(명)	국내 유입			국외 유입	총인구 대비 총 유입 비율 (%)	총인구(명
유입			지역내유입	지역외유입			
러시아	4196143 (100)	3778462 (90)	2023591 (48)	1754871 (42)	417681 (10)	2.9	14366690
카렐리	22017 (100)	20217 (92)	13467 (61)	6750 (31)	1800 (8)	3.5	634400
코미	29876 (100)	28135 (94)	17021 (57)	11114 (37)	1741 (6)	3.4	872000
아르한	35086 (100)	34358 (98)	22990 (66)	11368 (32)	728 (2)	3.1	1148800
네네츠	2549 (100)	2442 (96)	1532 (60)	910 (36)	107 (4)	5.9	43000
무르만	33582 (100)	30670 (91)	10029 (30)	20641 (61)	2912 (9)	4.4	771100
야말	44191 (100)	33099 (75)	8231 (19)	24868 (56)	11092 (25)	8.2	539700
크라스	110347 (100)	101823 (92)	66284 (60)	35539 (32)	8524 (8)	3.9	2852800
사하	33042 (100)	32167 (97)	22146 (67)	10021 (30)	875 (3)	3.5	954800
추콧카	4673 (100)	4394 (94)	1118 (24)	3276 (70)	279 (6)	9.3	50500
2013	총 유출(명)	국내 유출			국외 유출	총인구 대비 총 유출 비율 (%)	총인구(명
유출			지역내유출	지역외유출			
러시아	4201002 (100)	4014620 (96)	2102036 (50)	1912584 (46)	186382 (4)	2.9	14366690
카렐리	22815 (100)	22117 (97)	13467 (59)	8650 (38)	698 (3)	3.6	634400
코미	40410 (100)	39639 (98)	17021 (42)	22618 (56)	771 (2)	4.6	872000
아르한	44922 (100)	44361 (99)	23027 (51)	21334 (47)	561 (1)	3.9	1148800
네네츠	2561 (100)	2546 (99)	1495 (58)	1051 (41)	15 (1)	6.0	43000
무르만	43599 (100)	41748 (96)	10029 (23)	31719 (73)	1851 (4)	5.7	771100
야말	52315 (100)	43744 (84)	11337 (22)	32407 (62)	8571 (16)	9.7	539700
크라스	108956 (100)	106549 (98)	66284 (61)	40265 (37)	2407 (2)	3.8	2852800
사하	42172 (100)	41786 (99)	22146 (53)	19640 (47)	386 (1)	4.4	954800
추콧카	5027 (100)	5006 (100)	1118 (22)	3888 (77)	21 (0)	10.0	50500

2013 순이주	순 이주(명)	국내 이주			국외 순 이주	총인구 대비 총 이주 비율 (%)	총인구(명)
			지역내이주	지역외이주			
러시아	295859	–	–	–	295859	–	143666900
카렐리	−798	−1900	–	−1900	1102	–	634400
코미	−10534	−11504	–	−11504	970	–	872000
아르한	−9836	−10003	−37	−9966	167	–	1148800
네네츠	−12	−104	37	−141	92	–	43000
무르만	−10017	−11078	–	−11078	1061	–	771100
야말	−8124	−10645	−3106	−7539	2521	–	539700
크라스	1391	−4726	–	−4726	6117	–	2852800
사하	−9130	−9619	–	−9619	489	–	954800
추콧카	−354	−612	–	−612	258	–	50500
북극합계	−47,414	−60,191	−3,106	−57,085	12,777	–	–

[표 3]~[표 6]을 보면 러시아 국민 전체에서 2013~2018년 기간에 매년 총인구 대비 총 유입하는 이주민의 비율은 약 2.9~3.3%, 총 유출하는 이주민의 비율 역시 약 2.9~3.3%를 차지한다. 이에 반해 러시아 북극 지역의 매년 해당 지역 인구 대비 총 유입 및 유출 이주민의 비율은 이보다 꽤 높다. 4년 치 자료를 전체적으로 보았을 때 해당 지역 인구 대비 총 유입 및 유출 이주민의 비율이 4~5%대를 차지하는 북극 지역이 다수이다. 특히 야말네네츠와 추콧카의 총 유입 및 유출 이주민의 비율은 러시아 평균 수치보다 약 2~3.5배(6.7~10.9%)에 달할 정도로 높다. 따라서 러시아 북극은 기본적으로 인구 이동량이 큰 지역이라고 할 수 있다.

앞의 [표 2]에서도 알 수 있었듯이 북극에서는 인구 유출이 계속되고 있다. 역시 [표 3]~[표 6] 하단의 순 이주 수치들이 마이너스인 것을 보면 모든 북극 지역에서 거의 모든 해에 인구의 유입 규모보다 유출 규모가 더 크다는 것을 알 수 있다. 그런데 국외 순 이주 수치는 2013, 2014, 2016년은 모두 플러스, 2018년에는 5개 지역은 플러스로서 이를 통해 국외로부터는 이주민이 거의 순유입하고 있음을 알 수 있다.[30] 하지만 국제이주민이 순유입하더라도 그 이상 규모로 국내이주민이 순유출하고 있다. [표 3]~[표 6] 4개년의 통계 수치를 합산하면, 이 기간에 국제이주민의 순유입 인구는 44,841명이었는데, 국내이주민의 순유출 인구는 164,825명이었다. 한편 이 4개년의 북극 지역 자연증가 인구는 54,459명이다.[31] 따라서 국제이주민이 유입하고, 인구가 자연증가 하여도 그 이상의 규모로 국내 다른 지역으로 인구가 유출하고 있어서 결국 북극 지역 인구가 계속 감소하는 것이다.

따라서 이러한 이주 양상을 종합하여 요약하면, 북극 지역에서는 기본적으로 러시아 평균 수준 이상으로 인구 이동량이 큰데, 국제이주민은 순유입하고 있지만 이보다 더 큰 규모로 국내이주민이 국내 다른 지역으로 순유출하고 있어서 총인구가 계속 감소하고 있다고 정리할 수 있다.

그런데 이러한 인구 이주 현상은 북극 지역마다 좀 다른 양상으로 나타난다. 양상의 주요 특징별로 유형을 구분하면 다음과 같다.

1) 국제이주민의 유출입 비율이 높은 지역: 야말네네츠자치구

러시아 북극 지역에서 국제이주민의 유입과 유출 현상이 지속하고 있기는 하지만, 그렇다고 이 현상이 북극에만 두드러진 점은 아니다. 즉, 러시아 전 지역에 걸쳐 국제이주민의 유입과 유출 현상이 나타나고 있다. 예를 들어 [표 3]을 보면 2018년 러시아 총 지역 유입자 491만 명 중에서 국외 유입자는 약 57만 명으로서 약 12%를 차지한다. 또한, 총 지역 유출자 479만 명 중에서 국외 유출자는 44만 명으로서 약 9%를 차지한다. 그런데 북극 지역 대부분의 국외 유입자와 국외 유출자 비율은 이 러시아 평균치 비율들(12%와 9%)보다 낮다. 이것은 2013, 2014, 2016년에도 마찬가지 양상이다. 단지 크라스노야르스크의 2018년 국외 유입자와 유출자 비율만이 평균치보다 1% 정도 높아서 각각 13%와 10%일 뿐이다. 크라스노야르스크의 2013년, 2014년, 2016년의 이 비율은 모두 러시아 평균치보다 낮다. 이처럼 북극 지역에서 국제이주민 유출입 비율은 러시아 평균치보다 대부분 낮다. 이것은 기본적으로 북극 지역이 다른 지역보다 춥고 살기 어려워 국제이주민이 러시아로 이주할 때 쉽게 선택할 수 있는 거주지가 아니기 때문이라고 설명할 수 있다. 다만 예외가 있는데 야말네네츠의 국제이주민 유출입 비율만은 4년 모두 러시아 평균치보다 꽤 높다. 특히

2013년과 2014년에는 러시아 평균치보다 3~4배가 높을 정도이다. 즉, 야말네네츠는 국제이주민의 유출입 비율이 상당히 높은 지역이라고 할 수 있는데, 그 이유는 다음 절에서 보는 것처럼 이곳이 다른 지역에 비해 외국인 노동자 비율이 높기 때문이다. 바로 이들을 중심으로 국제이주민의 유출입이 활발하게 일어난다고 볼 수 있다.

2) 국내 지역 내 유출입 비율과 국내 지역 외 유출입 비율이 차이를 보이는 지역: 북극 지역 전체

국내 이주는 지역 내 이주(주 안의 이주)의 유입과 유출, 그리고 지역 외(주 경계를 넘는 이주) 이주의 유입과 유출로 나뉜다. 그런데 러시아 총인구에서 지역 내 유출입과 지역 외 유출입 비율은 거의 비슷한 수준으로 나타난다. 즉, 이들의 비율은 2013년, 2014년, 2016년, 2018년 모든 해에서 대략 45% 전후이다. 그런데 북극 지역의 경우 이처럼 45% 전후로 나타나는 지역이 거의 없다. 크게 두 가지 양상으로 나뉘는데, 지역 내 유출입 비율이 높고 지역 외 유출입 비율이 낮든지, 지역 내 유출입 비율이 낮고 지역 외 유출입 비율이 높든지이다. 각 양상에 해당하는 지역은 다음과 같다.

2-1) 국내 지역 내 유출입 비율이 높고(대체로 50% 이상), 지역 외 유출입 비율은 낮은(대체로 30~40%대) 지역: 카렐리야, 코미, 아르한겔스크, 네네츠, 크라스노야르스크, 사하

2-2) 국내 지역 내 유출입 비율이 낮고(30% 이하(추콧카는 25% 이하), 지역 외 유출입 비율이 높은(대체로 60% 이상(추콧카는 70% 이상) 지역: 무르만스크, 야말네네츠, 추콧카

러시아 북극의 사회 인프라가 약화하면서 인구가 계속 유출하고 있는데, 위의 두 가지로 북극의 국내 이주 양상이 나뉘고 있다. 그런데 2−2 양상에 해당하는 주 및 자치구는 모두 자신의 영토가 100% 러시아 법령으로 정한 북극 경계 안에 있고, 그만큼 북쪽의 높은 위도 이상에 있는 지역들이라고 할 수 있다([그림 1] 참조). 따라서 만약 이 지역으로부터 거주민이 벗어나고자 한다면, 자연스럽게 지역 외 이주(다른 주)를 선택하는 경향이 더 클 것이다. 앞에서 야말네네츠와 추콧카의 인구 인주 비율이 특히 높다고 지적했는데, 야말네네츠의 경우는 국제이주민의 유출입 비율이 높기 때문이며, 추콧카의 경우는 특히 국내이주민의 유출입 비율이 높기 때문임을 여기에서 알 수 있다.

반면 2−1 양상에 해당하는 북극 지역의 주와 공화국 및 자치구는 북쪽의 일부 영토만 북극 경계 안에 있다. 따라서 이 지역들의 북극 경계 안에 있는 거주민이 이주를 원할 때 다른 주, 공화국, 자치구로의 이주를 선택할 수도 있겠지만, 자신의 행정적인 주, 공화국, 자치구 내부에 있는 남부 지역을 선택하는 것이 더 편한 대안이 될 수 있다. 또한, 2−1 양상 지역의 수도는 대부분 북극 경계 남쪽에 있어서 이곳과의 지역 내 이주가 클 것이다. 따라서 이들 주, 공화국, 자치구에서는 상대적으로 지역 내 이주 비율이 더 높게 나타날 수 있는 것이다. 다만, 네네츠자치구의 경우는 전 영토가 북극 경계 안에 있음에도 불구하고 지역 내 이주 비율이 더 높다. 따라서 이러한 설명에서 벗어난다. 다만, 네네츠자치구 인구는 2019년 시점 85개 러시아연방 주체 중에서 가장 적은 43,800명이며 상대적으로 영토가 커서 인구밀도는 0.2명/㎢에 불과하다는 특이성이 있다. 또한, 수도인 나리얀마르 인구는 24,800명으로 네네츠자치구 인구의 57%를 차지한다.[32] 바로 이러한 점 때문에 나리얀마르와 내부 지역 간 이주가 활발하게 일어나 지역 내 유출입 비율이 높게 나타나는 것으로 추정한다.

이처럼 러시아 북극에서는 기본적으로 지역 내 이주든, 지역 외 이주든 인구 이주가 큰 규모로 일어나고 있음을 알 수 있으며, 전체적으로는 국내 다른 지역으로 인구가 꾸준히 순유출하면서도 국외로부터는 작은 규모이지만 인구가 꾸준히 순유입함을 발견할 수 있었다. 이러한 국제이주민의 유입은 주로 외국인 노동자에 의한 것인데 이에 관해서는 Ⅳ장에서 살펴본다.

Ⅳ. 외국인 노동자의 유입과 교대 노동

1. 외국인 노동자의 유입 추이

러시아 북극에 국제이주민이 꾸준히 유입, 유출하는 이유는 무엇보다도 이곳에서의 취업 기회 때문이다. 러시아의 유럽 쪽 북극은 석유·가스 산업, 군수산업, 임업이 발달했고, 서유럽 시장과 연결되어 있다. 서부 시베리아 북극에는 러시아에서 가장 규모가 큰 석유 및 천연가스 채굴지가 있다. 동부 시베리아 북극은 비철금속, 철광석, 금광석 등 광물 자원이 풍부한 지대이다. 극동의 북극은 희귀금속, 석유와 가스 채굴업이 발달했고 동북아시아 수요를 충족시킬 수 있다.[33] 기본적으로 러시아 북극에는 다양한 지하자원이 매장되어 있고, 당연히 러시아 정부는 이러한 자원들을 바탕으로 여러 산업 개발 정책을 추진하고 있다. 2013년 푸틴 대통령은 〈2020년까지 러시아연방 북극 지대 발전 및 국가안보전략〉을 승인했는데, 이에 따라 북극 여러 지역에서 크롬, 망간, 주석, 알루미늄, 우라늄, 티타늄, 아연 매장지들을 개발하고, 몇몇 지역의 탄화수소를 채굴하는 사업들을 수립했다.[34] 또한 2010년대부터는 북극항로에 있는 이가르카, 두딘카, 딕손, 틱시, 페벡, 프로비데니야 항구들의 시설을 현대화하고, 신형 운송 선박을 건조하는 사업들을 진행 중이다.[35] 이처럼 다양한 산업 개발로 국내 노동자는 물론 외국인 노동자들도 활발하게 러시아 북극으로 유입하고 있다.

1990년대 러시아에는 매년 20만 명 정도의 외국인 노동자가 있었다.[36] 그런데 2000년대에 외국인 노동자가 점차 늘기 시작해 2008년에는 200만 명이 넘었다.[37] 이렇게 외국인 노동자가 늘게 된 배경에는 러시아 정부의 대외이주 정책의 변화가 있었다. 2005년 푸틴 대통령은 이주자들이 러시아에서 안정적으로 정착할 수 있도록 지원할 것을 결정했다.[38] 그리고 2006년 푸틴 대통령은 이주 노동자의 법적 등록 간소화 명령에 서명했고, 그 법안은 2007년 1월부터 시행되었다.[39]

러시아 북극 지역의 외국인 노동자도 이와 같은 맥락에서 증가했다. 2000년에는 17,399명이었는데, 2008년 시점에는 약 14만 명으로 늘었다가 그 후에는 좀 줄어 약 10만 명 전후를 유지했다.[40] 러시아 전체 외국인 노동자도 2008년에는 약 243만 명이었다가 그 후 좀 줄어 200만 명 전후를 유지했는데,[41] 2008년 이후 외국인 노동자가 감소한 것은 당시 세계금융위기 때문에 러시아를 포함해 전 세계 경제가 위축해 일자리가 줄었기 때문이다.

2010년대 러시아 북극 지역 외국인 노동자 추이는 [표 7]에 정리하였다. 러시아 통계청에서 2000년대에는 외국인 노동자 수치를 하나의 표로 보여주었는데, 2010년대에는 외국인 노동자를 '취업 허가 외국인(Иностранных граждан, имевших действующее разрешение на работу)'과 '노동 특별증

명서 취득 외국인(Иностранных граждан, имевших действующий патент на осуществление трудовой деятельности у физических лиц)'으로 나누어 보여주고 있다. 이 논문에서는 이 양자를 합산해 하나의 표로 묶어 [표 7]에서 보여준다.

[표 7]에 따르면 러시아 북극 지역 외국인 노동자는 2013년과 2014년에는 약 10~11만 명이었지만, 2015년 이후에는 5만 명대로 감소했다. 이렇게 외국인 노동자가 감소한 이유는 2014년 이후 러시아가 크림 합병 때문에 서방으로부터 경제 제재를 받아 경제 사정이 악화했기 때문이다. 러시아 전체 외국인 노동자는 2014년 약 312만 명까지 늘었지만 2015년 약 184만 명으로 약 40% 이상 감소했다. 당시 경제가 악화하면서 기업이 도산하거나 실업자가 늘었는데 이러한 영향을 북극도 받은 것이다. 러시아 전체 외국인 노동자에서 북극 외국인 노동자가 차지하는 비율도 2013년에는 4.6%에서 2018년에는 2.9%로 낮아졌다([표 7]의 '비율 2' 참조).

[표 3]~[표 6]에 따르면 2013년부터 북극 지역으로 매년 약 12,000명 정도의 국제이주민이 순유입하다가 2018년에는 약 7,000명으로 감소했는데, [표 7]에 따르면 이 기간에 북극 지역에 2013~2014년에는 약 10~11만 명, 2015년 이후에는 매년 약 5만 명의 외국인 노동자 규모가 유지되었다. 매년 유입하는 국제이주민이 모두 외국인 노동자라고 할 수는 없으며, 그중에는 가족도 있고, 그 외에도 사업가, 전문가 등 다양한 사람들이 있다. 또한, 그중 일부는 러시아 국내의 다른 지역으로 유출하기도 하지만, 유입하는 국제이주민 중 다수가 외국인 노동자로서 북극 지역에서 일정 정도 규모로 유지되었다고 짐작할 수 있다.

[표 7] 러시아 북극 지역 외국인 노동자 추이(2013~2018년 / 취업 허가 외국인과 노동 특별증명서 취득 외국인 합산 통계)[43]

	2013	2014	2015	2016	2017	2018						
	외국노	비율1	외국노	비율1	외국노	비율1	외국노	비율1	외국노	비율1	외국노	비율1
러시아	2229327	3.09	3123606	4.33	1838658	2.54	1687317	2.34	1764075	2.46	1755119	2.45
카렐리	4341	1.47	4085	1.41	1740	0.61	1510	0.53	1817	0.66	1971	0.73
코미	5894	1.28	5764	1.29	2954	0.67	2724	0.65	2586	0.63	2318	0.57
아르한	2695	0.50	3200	0.61	1785	0.34	1712	0.33	1909	0.37	1886	0.38
네네츠	1533	4.59	1424	4.26	882	2.65	697	2.10	593	1.81	521	1.64
무르만	3374	0.63	3815	0.96	1924	0.50	1931	0.51	2338	0.64	2707	0.74
야말	27274	6.89	27792	7.03	15125	3.84	12757	3.17	11569	2.75	10072	2.41
크라스	32788	2.28	42206	2.96	24784	1.74	21350	1.53	22608	1.60	25618	1.82
사하	23519	4.87	21872	4.53	7453	1.54	6576	1.36	6113	1.24	5736	1.15
추콧카	1382	4.10	1272	3.82	945	2.85	875	2.74	868	2.56	813	2.44
합계	102,800	2.52	111,430	2.76	57,592	1.44	50,132	1.27	50,401	1.27	51,642	1.31
비율2	4.6%	–	3.6%	–	3.1%	–	3.0%	–	2.9%	–	2.9%	–

외국노: 외국인 노동자(단위: 명)

비율1: 해당 지역 일반 취업자 대비 외국인 노동자 비율(단위: %)

비율2: 러시아 전체 외국인 노동자 대비 북극 외국인 노동자 비율(단위: %)

[표 7]의 각 연도에는 '비율 1'이 표시되어 있는데, 이것은 해당 지역 일반 취업자 대비 외국인 노동자 비율을 계산한 것이다. 2013년에는 러시아 전체 취업자 중에서 외국인 노동자 비율은 3.09%이며, 2018년에는 2.45%로 좀 낮아졌다. 북극 지역의 해당 지역 취업자 대비 외국인 노동자 비율은 이러한 러시아 평균치보다 대체로 낮다. 그러나 야말네네츠의 여러 해에서는 러시아 평균치보다 비율이 월등히 높은 것을 알 수 있다. 이외에도 추콧카, 네네츠, 사하에서도 러시아 평균치보다 비율이 높은 해가 있지만, 야말네네츠만큼 높지는 않다. 야말네네츠의 해당 지역 취업자 대비 외국인 노동자 비율은 2018년을 제외하고 계속 높았으며, 2013년(6.89%)과 2014년(7.03%)에는 러시아 평균치(각각 3.09%와 4.33%)보다 약 2배 정도 높았다. 앞 절에서 야말네네츠에서 국제이주민에 의한 국외 유출입 비율이 높다고 언급했는데, 바로 이것은 외국인 노동자에 의한 유입과 유출 규모가 커서 이러한 양상이 나온 것으로 판단할 수 있다. 2014년 이후 서방의 경제 제재로 위축한 모습이지만, 그 이전에는 네네츠와 사하에서도 해당 지역 취업자 대비 외국인 노동자 비율이 러시아 평균치보다 좀 높았으며, 추콧카에서도 2010년대에 대체로 외국인 노동자 비율이 러시아 평균치보다 좀 높은 편이었다. 이러한 외국인 노동자들은 러시아 북극에서 주로 교대 노동 방식으로 일하고 있다. 이에 대해 다음 절에서 자세히 살펴본다.

2. 러시아 북극의 교대 노동

러시아에서 교대 노동 방식(вахтовый метод работы)을 연구하기 시작한 것은 이미 1970년대 말부터였다. 주로 서시베리아 지역 석유와 가스 산지에서의 노동 방식을 고민하면서 이에 관한 연구를 시작했다. 교대 노동이 적용될 수 있는 분야는 석유와 가스 채굴업, 산림업, 건설, 탐사 등으로 광범위하며, 또한 무인도나 특수한 기후 조건을 지닌 지역의 시설을 건설, 수리, 재건하기 위한 방식으로 고안되었다.[43]

러시아에서 지역 간 교대 노동은 1974년 튜멘 하라사베이(Харасавэй) 부락의 석유 및 가스 탐사 원정에서 처음 도입되었다.[44] 지역 간 교대 노동은 인구밀도가 낮고 외진 지역에서 채굴 산업을 벌일 때, 산지의 유용 광물 매장량이 불확실할 때, 이러한 지역들에서의 숙련된 전문가들이 부족할 때 등에 시행되었다. 또한, 비교적 짧은 시간에 시설을 건설하여 유용 광물을 채굴할 필요가 있거나, 빠른 노동력의 이동과 노동 강도의 강화, 생산 주기의 연속성과 리듬이 필요할 때, 생산량 증대를 가속할 필요가 있을 때, 그리고 사람들이 항상 거주하기에는 중요성이 떨어지거나 거주가 곤란한 북부 지역에서 교대 노동이 시행되었다.[45]

이렇게 소비에트 시대에 고안된 교대 노동은 1990년대 러시아가 시장경제로 전환하면서 예산 절감을 위해 북부 주민을 기후가 좋은 지역으로 이주시킴과 동시에 북부를 개발할 방안으로 다시 강구되기 시작했다. 러시아연방 정부는 북부 경제의 비중을 축소하고 교대 노동 방식으로 산업을 개발하기 위하여 1996년 6월 19일 №78-ФЗ 〈러시아 북부의 사회경제적 발전에 관한 국가 규제의 기본에 관하여〉 연방법을 채택하고 "국가는 북부의 인구를 최적화하고 인프라에 대한 부담을 줄이기 위해 교대 노동 방식을 사용한다."라고 법안에 규정하였다.[46]

한 연구에 따르면, 북부 지역 도시를 유지하기 위해서는 러시아 유럽지역 도시 주민의 국가 보조금 지출 비용보다 4배가 더 큰 비용이 필요하다.[47] 이러한 연구 결과는 그만큼 북부 도시들을 유지하기 힘들다는 것을 의미하며, 실제로 국가 지원이 점차 줄어들자 앞에서도 언급한 것처럼 북극의 많은 지역에서 인구가 유출하기 시작했다. 이러한 상황에서 특히 건설 부문이나 석유 및 가스 산업에서는 지역 간 교대 노동 방식이 북극에서 널리 보급되기 시작했다. 한 연구에 따르면, 교대 노동 방식은 기존 방식으로 산지를 개발하고 유지하는 것보다 1.8배 유리하다.[48]

본래 있던 북부 도시들은 주변 지역을 추가해 개발하고 자원을 채굴하기 위해 기존 인프라를 활용하면서 잠시 유입한 교대 노동자들을 수용하는 중간 거점이 되고 있다. 거점 도시는 자유로운 노동력의 확보, 직업 훈련 교육, 교대 노동을 위한 편리한 운송 체계, 발달한 사회 인프라, 현대적 의료 시설, 주택 제공 등의 여건을 지니고 있어야 한다. 현재 러시아에서 교대 노동자들을 지원하는 대표적인 거점 도시들로 우흐타(Ухта), 보르쿠타(Воркута), 나딤(Надым), 노비우렌고이(Новый Уренгой), 튜멘(Тюмень) 등을 꼽을 수 있다. 이 도시들은 상당 부분 야말반도의 천연가스 채굴을 위한 기능을 수행하고 있다. 이 거점 도시들에서 산지로 교대 노동자들을 수송하는 방식은 항공 및 철도를 통해서이다.[49]

따라서 현재 유용 광물을 채굴하는 러시아 북극 오지의 많은 회사는 전체적으로 혹은 부분적으로라도 교대 노동 방식을 취하고 있다. 교대 노동의 구체적인 방식과 일상은 다음과 같다. 주로 비행기를 타고 다른 지역으로부터 북극 현지 작업장으로 교대 노동자들이 도착하고, 이들은 일정 기간 일한 다음 다시 비행기를 타고 휴식을 취하러 떠나며, 대신 또 다른 노동자들이 교대로 일하러 현지 작업장으로 도착한다. 육상이든 해상이든 대다수 석유와 가스 산지의 노동은 현재 이러한 방식으로 운영되고 있다. 또한, 북극의 산업과 군사 시설들의 건설도 주로 교대 노동 방식으로 진행된다. 보통 회사나 기관들은 특수한 교대 캠프를 건설하며, 이곳에서는 가족과 떨어져 홀로 도착한 노동자들만 거주할 수 있다. 만약 그러한 캠프가 없으면 주변의 보통 마을에 거주할 수도 있다. 교대 노동자의 대부분은 남성이지만, 특정한 작업에는 여성도 고용된다. 교대 근무는 보통 1개월에서 3개월까지 지속하는데, 예외적으로 6개월까지 근무할 때도 있다. 보통 2~3개월 근무하고 1개월 휴식을 취한 다음 다시 작업장으로 돌아오는 방식으로 일한다. 고용주는 거주비, 교통비를 제공하며 급식도 무료로 제공할 때가 많다. 교대 노동의 주된 어려움은 현지 작업장으로 도착했을 때, 그리고 다시 떠날 때 기후와 시간대가 변한다는 것이다. 극지의 밤, 혹한 속에서 야외에서 일하는 것, 음식, 물, 생활 환경이 바뀌는 것, 가족과 떨어져 지내야 하고 여가 생활이 부족한 것도 교대 노동자들이 겪어야 하는 어려움이다.[50]

북극 교대 노동자의 월급은 상당히 높은 편이다. 한 조사에 따르면, 직업에 따라 다양하지만, 이들의 월급은 약 8~18만 루블이다.[51] 몇 가지 예를 들면, 측량기사는 15만 루블, 각 산업 분야 전문가는 18만 루블, 건설자는 12만 루블, 운전사는 11만 루블, 엔지니어와 전기 용접 기사는 15만 루블, 의사, 법률가는 10~12만 루블, 전기 기술자, 배관공, 목수는 9만 루블, 요리사는 8만 루블, 보조 노동자, 농장 관리자는 6~8만 루블 정도의 월급을 받는다.[52]

러시아에 교대 노동자들이 얼마나 있는지에 대한 공식 통계는 아직 없다. 다만 2011년부터 러시아 통계청에서 러시아에 있는 총취업자 중 자신의 거주지를 떠나 일하는 취업자를 구분해 조사하기 시작했는데, 이 통계 범주는 교대 노동자와 일치하지는 않는다. 즉, 예를 들어 자신의 지역을 떠나 장기간 일하는 노동자라든지, 노동이 아닌 자영업이나 사업을 하는 소유주들까지도 이 범주에 포함된다. 이들은 2011년에는 러시아 전체적으로 약 190만 명이었는데 200만 명대로 점차 늘어 2018년에는 300만 명에 달했으며 이들은 전체 취업자 중 약 4.1%를 차지했다.[53] 이 통계 범주와 교대 노동자가 일치하지는 않지만, 아무튼 자신의 거주지를 벗어나 다양한 취업 활동을 벌이는 인구 집단이 러시아에 상당한 규모로 있다는 것을 알 수 있게 하는 수치이다.

[표 7]에서 보듯이 2018년 러시아 북극에 외국인 노동자가 약 5만여 명이 있는데 이들 중 대부분은 교대 노동자들이라 할 수 있다. [표 3]에 따르면, 2018년 러시아의 국내 다른 지역에서 북극으로 유입한 주민 수가 약 14만 명이며, 북극에서 러시아의 다른 국내로 유출한 주민 수가 약 17만 명인데, 이들 중 상당수가 북극에서 일하는 러시아 국내 교대 노동자들이라고 추정할 수 있다. 바로 이들의 존재 때문에 러시아의 어느 지역보다도 북극에서 인구의 유입과 유출이 활발하게 일어나는 것이다. 공식 통계 자료에 기초했을 때 2018년 시점 러시아 북극에는 외국인 노동자와 러시아 국민 노동자를 합해 교대 노동자는 대략 10~15만 명 사이의 규모일 것으로 추산한다.

러시아 인구연감 자료를 활용해서 살펴본 바에 따르면, 2013~18년 기간에 러시아 북극에 유출입하는 국제이주민들은 주로 동유럽과 중앙아시아 국민이다. 카렐리야, 코미, 아르한겔스크, 네네츠, 무르만스크, 야말네네츠, 추콧카에는 우크라이나인이, 크라스노야르스크에는 타지키스탄인, 사하에는 키르기스스탄인이 가장 많이 유입, 유출하고 있다. 그 외에도 러시아 북극에 꽤 큰 규모로 유출입하는 국제이주민 국가로 벨라루스, 아제르바이잔, 아르메니아, 카자흐스탄 등을 꼽을 수 있다.[54]

V. 맺음말

러시아 북극에서는 인구의 자연증가 현상이 나타나고 있지만, 그 이상 규모로 인구가 유출하고 있어서 인구가 계속 감소하고 있다. 이 논문은 이러한 상황에 있는 러시아 북극의 인구 이주 과정을 분석하면서 산업 개발에 필요한 인적 자원과 노동 잠재력으로서의 국제이주민의 유입과 외국인 노동자, 그리고 북극의 특수한 이주 형태로서의 교대 노동에 초점을 두었다.

또한, 이 논문은 2010년대 기간을 주요 연구 범위로 설정하고, 러시아 북극을 하나의 범주로 묶어 이주 과정을 살펴보았다. 이를 위해 러시아 통계청에서 발간하는 공식 자료들을 주로 활용하여 북극 지역의 지역별 정보를 취합하고 분석했다. 러시아 북극을 독립적인 연구 단위로 삼은 점은 북극을 다른 러시아 지역과 비교하거나, 북극 내부적으로 지역의 유형화를 도출할 수 있는 틀이 되었다.

러시아 북극 인구는 1990년 972만 명에서 2018년 777만 명으로 현재까지도 계속 감소하고 있다. 하지만 2010년대에는 북극 다수 지역에서 인구의 자연증가 현상이 나타나고 있다. 그런데도 현재까지 인구가 감소하는 이유는 바로 북극으로부터 그 이상의 인구가 유출하기 때문이다. 그런데 이 논문에서 이주 과정의 분석을 통하여 다음과 같은 북극 인구 이주의 특징과 유형을 알 수 있었다.

첫째, 러시아 북극에서는 다른 러시아 지역보다 기본적으로 인구의 유입과 유출이 모두 크게 일어난다는 점이다. 야말네네츠와 추콧카의 인구 이주 비율은 러시아 평균 수치보다 약 2~3.5배에 달할 정도이다.

둘째, 러시아 북극에서 인구의 유입과 유출 모두 크게 일어나고 있지만, 국내 유출은 국내 유입보다 더 큰 규모로 일어나고 있고, 국제 유입은 국제 유출보다 더 큰 규모로 일어나고 있는 점이 서로 다르다. 다만 국내 유출 규모가 인구의 자연증가와 국제 유입 규모보다 더 크기 때문에 북극의 인구가 계속 감소하고 있다.

셋째, 러시아 북극의 인구 이주 양상은 세 가지 유형으로 나뉜다. 즉, 1) 국제이주민의 유출입 비율이 다른 지역보다 두드러지게 높은 지역(야말네네츠), 2) 국내 지역 내 유출입 비율이 높고 지역 외 유출입 비율이 낮은 지역(카렐리야, 코미, 아르한겔스크, 네네츠, 크라스노야르스크, 사하), 3) 국내 지역 내 유출입 비율이 낮고 지역 외 유출입 비율이 높은 지역(무르만스크, 야말네네츠, 추콧카) 등 세 가지 유형이다.

넷째, 러시아 북극으로 유입하고 있는 국제이주민의 상당수는 외국인 노동자이다. 이들은 러시아 경제 상황에 따라 증가하기도 하고 감소하기도 하지만 북극의 부족한 노동 잠재력을 보충하는 주요 인적 자원이다.

다섯째, 러시아 북극에서 인구의 유입과 유출이 활발하게 일어나는 이유는 이곳의 특수한 노동 방식으로서의 지역 간 교대 노동 때문이다. 러시아 북극의 여러 지역에서 교대 노동은 북극이라는 특수한 환경 속에서 선택할 수밖에 없는 대안으로 자리 잡았다.

시장경제 러시아에서 북극은 인간이 거주하기에 비용이 큰 지역이 되었다. 하지만 큰 규모의 다양한 지하자원이 매장되어 있는 북극은 러시아 국내외적으로 산업 개발이 더욱 활발하게 요청되는 매력적인 지역으로 변모했다. 이러한 상황에서 부족한 노동력을 보충하는 특수한 방식으로서 교대 노동이 러시아 북극에서 대안으로 선택되었다. 러시아 북극은 지금 세계 노동 이주와 결합하였지만, 그것은 교대 노동이라는 독특한 이주 방식으로 진행되는 것이다. 따라서 세계 노동 이주와 결합한 러시아 북극의 교대 노동은 이제 이 지역만의 글로컬리즘 현상이라고 할 수 있다. 교대 노동자들은 러시아 북극의 인구 감소를 완화하고 산업 개발의 중요한 노동 잠재력으로서 역할을 할 뿐 아니라 세계 이주 노동자의 중요한 초상 중 하나로 자리 잡게 되었다.

참고문헌

제성훈, 민지영. 『러시아의 북극개발 전략과 한·러 협력의 새로운 가능성』. 서울: 대외경제정책연구원, 2013.

최우익. "소비에트 시대의 인구변천과 러시아 연방관구별 인구 변화." 『슬라브연구』, 제26권, 2호. 용인: 한국외국어대학교 러시아연구소, 2010.

최우익. "러시아의 인구감소와 국제이주민의 유입." 『동북아문화연구』. 제26집. 부산: 동북아시아문화학회, 2011.

최우익. "러시아 북극 지역의 인구학적 특성: 인구와 이주민 추이 분석." 『국제·지역연구』. 제28권 제1호. 서울: 서울대학교 국제학연구소, 2019.

Heleniak, T. "The Role of Attachment to Place in Migration Decisions of the Population of the Russian North." Polar Geography, № 32(1-2) (2009)

Heleniak, T. "Population Change in the Periphery: Changing Migration Patterns in the Russian North." Sibirica, Vol. 9, No. 3 (2010).

Hill, F., Gaddy, C. The Siberian Curse: How communist planners left Russia out in the cold. Washington DC: Brookings Institution Press, 2003.

Sokolova, Flera, and Choi, Wooik. "The Russian Arctic in the Post-Soviet Period: Dynamics of Migration Processes." Region, Vol. 8, № 2 (July 2019).

Sukneva S. A., Nikulkina I. V. "Tax Mechanisms of Economic Development and the Improvement of Migration Situation in the Russian Arctic." International Journal of Economics and Financial Issues, 7(1) (2017).

Алешкевич, Е. С. "Реализация политических решений освоения Крайнего Севера: к истории развития вахтового метода." Ф.

Штаммлер, Г. Эйльмштейнер-Саксингер (ред.), Крайний Север: особенности труда и социализации человека. Биография, вахтовый труд и социализация человека в северном индустриальном городе: Материалы научнопрактической конференции (4-6 декабря 2008 г.). Рованиеми: Арктический Центр Университета Лапландии, 2009.

Бойков В. Э. "Социальные аспекты миграции населения." СОЦИС, № 12 (2007).

Верещагин, И. Ф. "Долговременные факторы внутрирегиональной миграции на территории Архангельской области в XX веке." Вестник Северного (Арктического) федерального университета. Серия 《Гуманитарные и социальные науки》, №1 (2015).

Зайончковская, Жанна "Через 20 лет Россия останется без трудовых ресурсов." Независимая газета, 11 декабря (2006).

Квашнина, С. И., Кривощеков, С. Г. Охрана здоровья работников вахтового труда на Крайнем Севере: монография. Ухта: УИИ, 1998.

Коровкин А. Г., Долгова И. Н., Единак Е. А., Королев И. Б. "Оценка состояния и перспектив развития рынков труда и миграционных взаимосвязей регионов российской Арктики." МИР(Модернизация. Инновации. Развитие), том 6, № 4-1 (2015).

Ловцова, Н. И., Ярская-Смирнова, Е. Р. "Демогафическая проблема: кто винават и что делать?" Мир России, № 4 (2005).

Макар, С. В. "Векторы пространственного развития Арктической зоны России." Российская Арктика – территория права. Москва-Салехард: Юриспруденция, 2015.

Малахов, В. С. "Иммиграционные режимы в государствах запада и в России: теоретико-политический аспект." ПОЛИС, № 4 (2010).

Назарова, И. Г. "Российский Север: миграционные процессы и трудовой потенциал. Анализ взаимосвязи миграционных процессов и трудового потенциала Республики Коми."

Российское предпринимательство, №. 5 (2012).

Нуйкина, Е. В. "Влияние вахтового метода работы на принимающие города российского Севера (на примере города Воркуты)." Известия Коми научного центра УрО РАН, Выпуск 2(14) (2013).

Осипова, О. В., Маклашова, Е. Г. "Миграционные намерения молодёжи Арктики в контексте субъективных оценок социального самочувствия." Арктика и Север, №. 24 (2016).

Переведенцев, В. И. "Демогафические перспективы России." СОЦИС, №. 12 (2007).

Сидоренко, Б. "Проблемы тюменской нефти." Экономическая газета, 8(6) (1986).

Силин, А. Н. Социальные проблемы Арктического региона. Тюмень: ТИУ, 2016.

Федорова, Е. Н., Железнова, Г. А. Миграции населения Якутии: прошлое и настоящее. Новосибирск: Наука, 2003.

Цапенко, И. П. Управление миграцией: опыт развитых стран. Москва: Academia, 2009.

Черепанов, Е. В. Особенности использования вахтового метода освоения и эксплуатации газовых месторождений: На примере ЯмалоНенец. Москва: Академия народного хозяйства при Правительстве Российской Федерации, 1998.

Росстат. Демографический ежегодник России. Москва, 1999, 2001, 2008, 2009, 2010, 2012, 2014, 2015, 2017, 2019.

Росстат, Регионы России. Основные характеристики субъектов Российской Федерации. Москва, 2019.

Росстат. Регионы России. Социально-экономические показатели. Москва, 2010, 2011, 2013, 2014, 2015, 2016, 2017, 2018, 2019

Росстат. Труд и занятость в России. Москва, 1999.

"Арктическая зона российской федерации," https://yandex.ru/

images/search?text=российская%20арктичкеская%20зона&stype=image&lr=114981&source=wiz&p=3&pos=182&rpt=simage&img_url=https%3A%2F%2Fb-port.com%2Fcache%2Fnews%2F7dd%2F36868-688xW.jpg (검색일: 2020.05.25.).

Группа ЭРТА, "Вахтовый метод ведения работ. Серия "ПростоТЭК"," http://gasforum.ru/obzory-i-issledovaniya/747/ (검색일: 2020.05.07.).

"≪О дополнительных мерах государственной поддержки семей, имеющих детей≫. Федеральный закон РФ №256-ФЗ от 29 декабря 2006 года." http://www.pfrf.ru/info/order/mother_fam_capital/~1589 (검색일: 2019.23.05).

"О межрегиональной трудовой миграции в 2018 году," https://www.gks.ru/free_doc/new_site/population/trud/migrac/mtm_2018.htm (검색일: 2020.05.07.).

"≪Основы государственной политики Российской Федерации в Арктике на период до 2020 года и дальнейшую перспективу≫. Утв. Приказом Президента РФ №1969 от 18 сентября 2008 г.," URL: https://rg.ru/2009/03/30/arktika-osnovy-dok.html (검색일: 2019.23.05).

"О сухопутных территориях Арктической зоны Российской Федерации (с изменениями на 5 марта 2020 года)," http://docs.cntd.ru/document/499093267 (검색일: 2020.05.21.).

"Работа и доступные вакансии в Арктике," https://visasam.ru/emigration/rabota/rabota-v-arktike.html (검색일: 2020.05.07.).

"Стиль жизни — вахтовые поселки," http://interarctic.ru/styles-vakhts (검색일: 2020.05.07.).

"Тенденции развития регионов севера России", http://works.doklad.ru/view/gTD KjajXfzE/all.htm (검색일: 2016.06.17).

"Трудовые мигранты возвращаются в РФ," http://www.ng.ru/economics/2019-07-23/4_7630_refugees.html (검색일: 2020.05.07.).

미주

* 이 글은 한국외국어대학교 러시아연구소『슬라브연구』제36권 제2호(2020년)에 실린 내용을 수정, 보완한 것임을 밝힘.

1 И. П. Цапенко, Управление миграцией: опыт развитых стран (Москва: Academia, 2009), с. 58-59.

2 Жанна Зайончковская, "Через 20 лет Россия останется без трудовых ресурсов." Независимая газета, 11 декабря, 2006.

3 В. Э. Бойков, "Социальные аспекты миграции населения," СОЦИС, № 12 (2007), с. 75-76.

4 러시아 국내 이주 과정과 성격에 대해서는 다음 참조. 최우익, "소비에트 시대의 인구변천과 러시아 연방관구별 인구 변화,"『슬라브연구』제26권, 2호 (용인: 한국외국어대학교 러시아연구소, 2010), pp. 113-137.

5 Бойков, Указ. соч., с. 75-76.

6 다음 자료의 수치를 비율로 환산했음. Росстат, Демографический ежегодник России (Москва, 2008), с. 500-501. 1990년대 러시아로 유입된 국제이주민 중 러시아인 비율은 1993년에는 95%까지 차지했고, 1990년대 말까지도 75~80%를 차지했다. 다음 자료 참조. Росстат, Демографический ежегодник России (Москва, 1999), с. 354-357.

7 노동 이주의 확대와 성격 변화에 대해서는 다음 참조. 최우익, "러시아의 인구감소와 국제이주민의 유입,"『동북아문화연구』제26집 (부산: 동북아시아문화학회, 2011), p. 621.

8 А. Г. Коровкин, И. Н. Долгова, Е. А. Единак, И. Б. Королев, "Оценка состояния и перспектив развития рынков труда и миграционных взаимосвязей регионов российской Арктики," МИР(Модернизация. Инновации. Развитие), том 6, № 4-1 (2015), с. 213-222.; О. В. Осипова, Е. Г. Маклашова, "Миграционные намерения молодёжи Арктики в контексте субъективных оценок социального самочувствия," Арктика и Север, № 24 (2016), с. 14-26.; S. A. Sukneva, I. V. Nikulkina, "Tax Mechanisms of Economic Development and the Improvement of Migration Situation in the Russian Arctic," International Journal of Economics and Financial Issues, 7(1) (2017), pp. 144-153.

9 И. Г. Назарова, "Российский Север: миграционные процессы и трудовой потенциал. Анализ взаимосвязи миграционных процессов и трудового потенциала Республики Коми," Российское предпринимательство, № 5 (2012), с. 172-176.; И. Ф. Верещагин, "Долговременные факторы внутрирегиональной миграции на территории Архангельской области в XX веке," Вестник Северного (Арктического) федерального университета. Серия ≪Гуманитарные и социальные науки≫, №1 (2015), с. 5-14.; Е. Н. Федорова, Г. А. Железнова, Миграции населения Якутии: прошлое и настоящее (Новосибирск: Наука, 2003).

10 T. Heleniak, "The Role of Attachment to Place in Migration Decisions of the Population of the Russian North," Polar Geography, № 32(1-2) (2009), pp. 31-60.; T. Heleniak, "Population Change in the Periphery: Changing Migration Patterns in the Russian North," Sibirica, Vol. 9, No. 3 (2010), pp. 9-40.

11 극북(Far North)의 개념에는 북극(Russian Arctic)의 9개 지역 외에도 12개의 러시아 행정 단위 지역들이 포함되는데, 이 지역들은 기후 조건, 사회경제적 발전 수준, 삶의 질, 이주 추이가 실질적으로 다르다. Flera Sokolova, Wooik Choi, "The Russian Arctic in the Post-Soviet Period: Dynamics of Migration Processes," Region, Vol. 8, №2, July (2019), p. 201.

12 "≪О дополнительных мерах государственной поддержки семей, имеющих детей≫. Федеральный закон РФ №256-ФЗ от 29 декабря 2006 года," http://www.pfrf.ru/info/order/mother_fam_capital/~1589 (검색일: 2019.23.05).

13 "≪Основы государственной политики Российской Федерации в Арктике на период до 2020 года и дальнейшую перспективу≫. Утв. Приказом Президента РФ №1969 от 18 сентября 2008 г.," https://rg.ru/2009/03/30/arktika-osnovy-dok.html (검색일: 2019.23.05).

14 "О сухопутных территориях Арктической зоны Российской Федерации (с изменениями на 5 марта 2020 года)," http://docs.cntd.ru/document/499093267 (검색일: 2020.05.21.).

15 이하 서술에서 각 지역의 행정 단위 명을 삭제하고 기술한다. 또한, 표에서는 지면 관계상 지역명의 세 글자까지만 기술한다. 예를 들어 '무르만스크주'는 본문에서는 '무르만스크', 표에서는 '무르만'이라고 기술한다.

16 "Арктическая зона российской федерации," https://yandex.ru/images/search?text=российская%20арктичкеская%20зона&stype=image&lr=114981&source=wiz&p=3&pos=182&rpt=simage&img_url=https%3A%2F%2Fb-port.com%2Fcache%2Fnews%2F7dd%2F36868-688xW.jpg (검색일: 2020.05.25.).

17 다음 자료들의 통계 수치를 활용하여 재구성함. Росстат, Регионы России. Социально-экономические показатели (Москва, 2010) с. 56-57.; Росстат, Регионы России. Социально-экономические показатели (Москва, 2019) с. 43-44.

18 Росстат, Регионы России. Социально-экономические показатели (Москва, 2019), с. 75-76.

19 Росстат, Регионы России. Социально-экономические показатели (Москва, 2013) с. 47-48.

20 다음 자료들의 통계수치들을 합산함. Росстат, Демографический ежегодник России (Москва, 2001), с. 336-339.; Росстат, Демографический ежегодник России (Москва, 2009), с. 462-464.; Росстат, Демографический ежегодник России (Москва, 2010), с. 443-445.; Росстат, Демографический ежегодник России (Москва, 2012), с. 452-455.; Росстат, Демографический ежегодник России (Москва, 2019), с. 205-208.

21 만약 러시아 법령에서 지정한 러시아 북극 육상 지역의 인구만 엄밀하게 추산하면 이보다 인구 규모가 작다. 법령에 따르면 카렐리야, 코미, 아르한겔스크, 크라스노야르스크, 사하의 경우 일부 지역만 러시아 북극에 속하기 때문이다. 그런데 본 연구에서는 이들 지역을 포함한 해당 주 및 공화국의 인구 전체를 대상으로 분석하고 있다. 그 이유는 본 연구에서 다루는 세밀한 통계 자료는 주 및 공화국 단위로만 확보할 수 있기 때문이다(하위 단위 지역에 대해서는 기본적인 통계 자료만 제시됨). 한편 일부 지역만 법적으로 북극인 주 및 공화국을 인문사회과학적 차원에서는 모두 북극으로 정의할 수 있기 때문에(이에 대해서는 다음 참조. 최우익, "러시아 북극 지역의 인구학적 특성: 인구와 이주민 추이 분석,"『국제·지역연구』 제28권 제1호 (서울: 서울대학교 국제학연구소, 2019), p. 32-37.) 이렇게 9개 지역을 하나의 범주로 묶어 분석하는 것은 러시아 북극의 인구 이주 추이를 분석하는 목표와 취지에서 벗어났다고 볼 수 없다.

22 인구의 자연증가 추이에 대하여 1990~2010년까지는 다음 자료 참조. Росстат, Регионы России. Социально- экономические показатели (Москва, 2011), с. 68-69. 2011~2018년까지는 다음 자료 참조. Росстат, Регионы России. Социально-экономические показатели (Москва, 2019) с. 75-76.

23 1990~2000년까지는 다음 자료의 통계수치를 활용하여 재구성함. Росстат, Регионы России. Социально-экономические показатели (Москва, 2011) с. 76-77. 2005~2012년까지는 다음 자료의

통계수치를 활용하여 재구성함. Росстат, Регионы России. Социально-экономические показатели (Москва, 2013) с. 79-80. 2013~2018년까지는 다음 자료의 통계수치를 활용하여 재구성함. Росстат, Регионы России. Социально-экономические показатели (Москва, 2019) с. 91-92. 아르한겔스크주의 2010년 이전 통계수치는 원자료에서 네네츠자치구가 포함되어 계산되었으며, 2010년 통계수치부터는 원자료에서 아르한겔스크주와 네네츠자치구가 따로따로 계산되었다.

24 А. Н. Силин, Социальные проблемы Арктического региона (Тюмень: ТИУ, 2016), с. 33-41.

25 과거에 네네츠자치구는 아르한겔스크주에, 그리고 야말네네츠자치구는 한티만시자치구와 함께 튜멘주에 행정적으로 포함되어 있었고, 그래서 모두 합친 통계수치를 발표했다. 하지만 이제 서로 독립적인 행정단위가 되어서 각 지역의 통계 수치를 분리해 기록하기 시작했다.

26 이주민 수는 다음 자료의 통계수치를 활용하여 재구성함. Росстат, Демографический ежегодник России (Москва, 2019), Приложение. 7-1. 인구수는 다음 자료의 통계수치를 활용하여 재구성함. Росстат, Регионы России. Социально-экономические показатели (Москва, 2019), с. 18-23.

27 이주민 수는 다음 자료의 통계수치를 활용하여 재구성함. Росстат, Демографический ежегодник России (Москва, 2017), Приложение. 7-1. 인구수는 다음 자료의 통계수치를 활용하여 재구성함. Росстат, Регионы России. Социально-экономические показатели (Москва, 2017), с. 18-21.

28 이주민 수는 다음 자료의 통계수치를 활용하여 재구성함. Росстат, Демографический ежегодник России (Москва, 2015), Приложение. 7-1. 인구수는 다음 자료의 통계수치를 활용하여 재구성함. Росстат, Регионы России. Социально-экономические показатели (Москва, 2015), с. 18-21.

29 이주민 수는 다음 자료의 통계수치를 활용하여 재구성함. Росстат, Демографический ежегодник России (Москва, 2014), Приложение. 7-1. 인구수는 다음 자료의 통계수치를 활용하여 재구성함. Росстат, Регионы России. Социально-экономические показатели (Москва, 2014), с. 18-21.

30 2018년 러시아 북극의 몇 개 지역에서 국제이주민의 순유출 현상이 나타났는데, 이것은 국내외 경제 사정으로 러시아 노동시장 전체가 위축하면서 영향을 받았기 때문이다. 가이다르연구소에 따르면, 당시 포스트소비에트 역사상 가장 적은 이주민이 러시아로 유입했고, 10배나 많은 이주민이 러시아를 떠났다. "Трудовые мигранты возвращаются в РФ," http://www.ng.ru/economics/2019-07-23/4_7630_refugees.html (검색일: 2020.05.07.).

31 4개년 북극 지역 인구의 자연증가 통계수치는 다음 자료들에서 확인하여 합산함. Росстат, Демографический ежегодник России (Москва, 2019), Приложение. 2-1.; Росстат, Демографический ежегодник России (Москва, 2017), Приложение. 2-1.; Росстат, Демографический ежегодник России (Москва, 2015), Приложение. 2-1.; Росстат, Демографический ежегодник России (Москва, 2014), Приложение. 2-1.

32 Росстат, Регионы России. Основные характеристики субъектов Российской Федерации (Москва, 2019), с. 199.

33 "Тенденции развития регионов севера России", http://works.doklad.ru/view/gTD KjajXfzE/all.htm (검색일: 2016.06.17).

34 제성훈, 민지영, 『러시아의 북극개발 전략과 한·러 협력의 새로운 가능성』 (서울: 대외경제정책연구원, 2013), p. 64.

35 С. В. Макар, "Векторы пространственного развития Арктической зоны России," Российская Арктика - территория права (Москва-Салехард: Юриспруденция, 2015), с. 85-96.

36 Росстат, Труд и занятость в России (Москва: Росстат, 1999), с. 234.

37 Росстат, Регионы России. Социально-экономические показатели (Москва, 2011) с. 128-129.

38 2000년대 중반 새로운 대외이주 정책에 대해서는 다음 참조. В. И. Переведенцев, "Демогафические

перспективы России," СОЦИС, № 12 (2007), c. 67. 당시 인구감소에 대한 위기의식, 논쟁, 사회 분위기에 대해서는 다음 참조. Н. И. Ловцова, Е. Р. Ярская-Смирнова, "Демогафическая проблема: кто винават и что делать?" Мир России, № 4 (2005), c. 78-104.

39 이주 노동자에 관한 관련 법 제정과 절차에 대해서는 다음 참조. В. С. Малахов, "Иммиграционные режимы в государствах запада и в России: теоретико-политический аспект." ПОЛИС, № 4 (2010). c. 151-158.

40 다음 자료에서 9개 북극 지역 외국인 노동자 수치만 뽑아 합산한 것임. Росстат, Регионы России. Социально-экономические показатели (Москва, 2011) c. 128-129.

41 Там же. c. 128-129.

42 외국인 노동자는 다음 자료들의 통계수치를 활용하여 재구성함. Росстат, Регионы России. Социально-экономические показатели (Москва, 2016) c. 204-207.; Росстат, Регионы России. Социально-экономические показатели (Москва, 2017) c. 218-221.; Росстат, Регионы России. Социально-экономические показатели (Москва, 2018) c. 167-170.; Росстат, Регионы России. Социально-экономические показатели (Москва, 2019) c. 174-177. 취업자 정보는 다음 자료의 통계수치를 활용하여 재구성함. Росстат, Регионы России. Социально-экономические показатели (Москва, 2019) c. 118-119.

43 Е. В. Нуйкина, "Влияние вахтового метода работы на принимающие города российского Севера (на примере города Воркуты)," Известия Коми научного центра УрО РАН, Выпуск 2(14). (2013), c. 108.

44 Е. С. Алешкевич, "Реализация политических решений освоения Крайнего Севера: к истории развития вахтового метода," Ф. Штаммлер, Г. Эйльмштейнер-Саксингер (ред.), Крайний Север: особенности труда и социализации человека. Биография, вахтовый труд и социализация человека в северном индустриальном городе: Материалы научнопрактической конференции (4-6 декабря 2008 г.) (Рованиеми: Арктический Центр Университета Лапландии, 2009), c. 77-84.

45 С. И. Квашнина, С. Г. Кривощеков, Охрана здоровья работников вахтового труда на Крайнем Севере: монография (Ухта: УИИ, 1998), c. 7.; Б. Сидоренко, "Проблемы тюменской нефти," Экономическая газета, 8(6) (1986), c. 6.

46 Нуйкина, Указ. соч., c. 109.

47 F. Hill, C. Gaddy, The Siberian Curse: How communist planners left Russia out in the cold (Washington DC: Brookings Institution Press, 2003), p. 125.

48 Е. В. Черепанов, Особенности использования вахтового метода освоения и эксплуатации газовых месторождений: На примере ЯмалоНенец (Москва: Академия народного хозяйства при Правительстве Российской Федерации, 1998), c. 186.

49 Группа ЭРТА, "Вахтовый метод ведения работ. Серия "ПростоТЭК"," http://gasforum.ru/obzory-i-issledovaniya/747/ (검색일: 2020.05.07).

50 "Стиль жизни — вахтовые поселки," http://interarctic.ru/styles-vakhts (검색일: 2020.05.07.).

51 이 월급은 2020년 시점 한화로 약 140~320만 원이다. 러시아 평균 월급은 약 70~80만 원으로 교대 노동자의 월급은 이에 비해 약 2~4배라고 할 수 있다.

52 "Работа и доступные вакансии в Арктике," https://visasam.ru/emigration/rabota/rabota-v-arktike.html (검색일: 2020.05.07).

53 "О межрегиональной трудовой миграции в 2018 году," https://www.gks.ru/free_doc/new_site/population/trud/migrac/mtm_2018.htm (검색일: 2020.05.07.).

54 다음 자료들을 전체적으로 검토함. Росстат, Демографический ежегодник России (Москва, 2019), Приложение. 7-5, 7-6, 7-7.; Росстат, Демографический ежегодник России (Москва, 2017), Приложение. 7-5, 7-6, 7-7.; Росстат, Демографический ежегодник России (Москва, 2015), Приложение. 7-5, 7-6, 7-7.; Росстат, Демографический ежегодник России (Москва, 2014), Приложение. 7-5, 7-6, 7-7.

제2장

러시아와 유럽의 북극해 관련 갈등과 협력

김봉철

최근 기후변화와 교통기술의 발달로 북극 지역에 대한 접근이 활발해지고 있다. 특히 북극해와 북극항로를 둘러싼 러시아와 유럽 국가들 사이의 갈등은 오래된 문제이다. 이러한 문제들에 접근하는 방법으로는 북극이사회 중심의 국제법과 관련 제도, 그리고 이해관계를 가지는 국가의 국내법들과 관련 정책들이 공존하고 있다. 러시아는 북극해와 북극항로에 관하여 많은 관심을 두고 이 지역의 개발과 연계하여 다양한 방식의 관할권 행사를 하려고 한다. 이러한 러시아의 모습은 전통적으로 많은 갈등을 빚어온 인접한 유럽 국가들에 영향을 준다. 러시아와 유럽 국가들의 이해관계가 정책의 충돌을 일으킬 수 있는 것이다. 국제사회는 전반적으로 이전보다 세밀하게 이 지역과 관련된 문제들을 규율하고 있으나, 여전히 이러한 문제들을 아우르는 국제법들이 통일되지 못하고 있는 현실이며, 이를 해결하기 위해서는 지속가능성과 같은 공통의 원칙을 추구하는 것이 필요하다. 한편으로는 유럽 국가들이 북극 지역에서 이익을 평화적으로 추구하며 분쟁을 피하기 위한 노력을 지속해왔다. 때로는 러시아 역시 유럽 국가들과의 협력을 통한 문제해결을 추구하였으며, 이에 따라 인류와 지구의 공통적인 가치 및 원칙이 반영된 국제법을 발전시킬 필요가 있다. 국제사회에서 나타나고 있는 북극해와 북극항로에 관련된 국제법 기준들은 러시아와 유럽의 갈등을 조화시킬 수 있는 수단이 될 수 있으며, 향후 이를 더욱 발전시키기 위한 양측의 노력이 필요하다. 이 지역에 인접하는 러시아와 유럽 국가들은 북극 지역의 문제에 관하여 전통적인 '오피니언 리더'로서 활동해왔으므로, 양측의 이해관계를 조율하여 북극 지역의 평화로운 개발과 보호를 위한 공동의 기준을 마련할 수 있을 것이다.

I. 북극해와 북극항로: 갈등과 협력의 무대

대체로 지구의 북위 66도 이상의 지역을 의미하는 북극 지역은 혹독한 환경으로 오랫동안 인간의 손이 미치지 못하는 범위에 있었으나, 과학과 기술의 발전으로 점차 접근하기 쉬워졌다(김봉철, 2019: 116). 최근에는 지구온난화의 영향으로 이와 같은 기후적 특성이 빠르게 변화하고 있다(이용희, 2012: 89-90). 이 지역에는 오래전부터 인류가 살아오고 있으며, 특히 소수민족 사람들이 독특한 언어와 문화를 기반으로 공동체를 형성하며 상주하고 있다.

최근에는 경제적 개발을 목적으로 정부와 기업들이 북극 지역에 많은 관심을 두고 있다. 예를 들어, 이 지역에 인접한 노르웨이, 러시아, 캐나다, 미국에서는 이미 많은 지질조사가 완료되어 2007년까지 400여 곳 이상의 유전 및 천연가스전이 확인되었다고 한다(이재성, 2017: 131). 이 지역에는 북미, 러시아 유럽의 8개의 국가가 인접해 있으며, 이 국가들은 개별적인 이해관계에 따라 정책이나 전략을 추구해왔다. 이러한 이유로 북극 개발에 관한 국가들의 분쟁 가능성도 커지고 있다. 그러나 이 지역에 인접한 국가들은 갈등을 해결하기 위해서 국제사회에서 협력을 도모하기도 한다.

북극해와 북극항로는 북극 지역의 경제적 활용을 위한 주요 대상이자 방법이다. 예를 들어, 북극항로는 북극점을 중심으로 북극해를 가로지르는 교통수단(선박)의 항로를 의미하며, 해상항로의 상공을 항공기로 이동하는 북극(항공)항로도 유사한 의미로 해석할 수 있다. 북극항로를 이용하면 극동아시아와 유럽 사이 운항 거리가 수에즈를 이용하는 남방항로보다 짧아진다. 북극항로 활용은 이론적인 가능성에 불과하고 사용되기 어려운 조건들이 많았으며, 실제로 아직 북극항로의 수요와 활용 빈도가 기존의 운송경로에 비하면 매우 적은 편이다. 그러나 지구온난화로 해빙 기간이 길어지면서 북극항로의 경제성이 상승하였고, 기술의 발전으로 선박의 안전성과 효율성도 확대되었다.

북극항로에 대한 기준이 국제법으로 명확하게 확립된 것은 아니지만, 일반적으로는 북서항로와 북동항로로 구분된다. 북서항로(Northwest Passage, NWP)는 유럽에서 북서쪽으로 항해하여 캐나다와 그린란드(덴마크) 사이의 해협을 거쳐, 캐나다의 북극해 연안을 거쳐 알래스카(미국) 북쪽 해안을 따라 베링해협을 통해서 태평양으로 나오는 항로를 의미한다. 북동항로(Northeast Passage, NEP)는 유럽에서 북동쪽으로 항해하여 노르웨이와 러시아의 북쪽 해안을 따라서 베링해협을 거쳐 태평양으로 나오는 항로가 된다. 현재와 같이 기후변화에 따른 빙하의 감소가 지속될 경우, 언젠가는 북극점 주변의 북극해 중앙부를 관통하는 북극중앙항로(Future Central Arctic Shipping Route)도 북극항로로서 항행이 가능할 수도 있다.

러시아는 북극해와 북극항로에 많은 관심을 두고 있으며, 그동안 민감한 사안이었던 북극해 인접 지역의 영토와 영해에 관하여 국내법을 제정하면서 관할권을 주장하고 있다(노영돈·박원, 2011: 101-103). 북동항로 중에서 러시아 인접 해역을 통과하는 항로를 러시아 국내법상 북극해항로(**Северный морской путь, Севморпуть**; Northern Sea Route, NSR)라고 지칭한다. 북극해항로는 국제법과 상관없이 러시아 국내법에서 사용되는 명칭과 개념으로, 북극항로 전체가 아닌 북동항로 중에서도 노르웨이가 인접한 구간을 제외하고 북극해에서 러시아가 인접한 구간을 지칭하는 것이다.

유럽 국가들은 오랫동안 북극 지역을 활용하여 이익을 얻었고, 북극해를 통하여 많은 자원과 상품을 운송해왔다. 그러나 최근에는 러시아의 경우와 같이 다른 북극 지역 국가들의 정치적인 움직임도 커지고 있다. 이에 대하여 유럽은 이 지역의 국제법상 원칙을 강조하며 대응하고 있다. 유럽의 개별 국가들의 노력과는 별도로, 유럽연합(European Union, EU)도 북극 지역의 문제에 많은 관심을 가지고 효율적인 정책을 실천하려고 노력하고 있다. 정책은 제도로 이어서, EU의 정책이 국제사회에서 논의를 한층 발전시키며 실효적인 국제법의 형성을 낳는다.

북극해와 북극항로의 활용이 충분히 경제적인 가치가 있다는 판단이 커지면서, 이 지역에 관한 다양한 법적 규제도 논의되고 있다. 러시아와 같이 국가들이 국내법을 통한 북극해와 북극항로의 통제를 시도하고 있으며, 일부 국내법의 내용은 국제사회와 다른 국가들로부터 비판을 받고 갈등을 낳기도 한다. 국내법과는 별도로 국제법 차원의 규제도 이루어지고 있는데, 특히 국제해양법의 개념들과 북극해 및 북극항로에 관련된 사항들이 규제의 대상이 되고 있다. 물론 이러한 국제법의 대상과 특정 국가의 국내법이 충돌하거나 겹치는 경우도 발생하기 때문에, 국제법과 국내법의 조화에 관한 논의도 필요하다.

이 글에서는 북극해 및 북극항로에 관련된 러시아와 유럽 국가들의 갈등을 사례분석을 통하여 살펴본다. 이를 통하여 갈등의 원인과 해결 방향을 찾고자 한다. 이후 이 글은 러시아와 유럽이 이 지역에 관하여 협력하는 모습과 국제사회에서 이 문제들에 관련된 국제법 기준이 등장하는 사례들을 확인한다. 이러한 과정을 통하여 러시아와 유럽이 협력을 통하여 국제사회의 리더로서 북극해 및 북극항로에 관한 갈등을 피하고 공동의 답을 찾는 제안을 할 수 있다.

II. 북극해 및 북극항로 관련 러시아와 유럽의 갈등

북극해와 인접하고 있는 국가들은 다양한 이해관계의 충돌로 인하여 많은 갈등을 경험하였다. 특히 러시아와 유럽 국가들은 지리적 인접성으로 인하여 더욱 많은 대립을 하였고, 현재도 북극해의 영유권과 북극항로와 관련된 문제들에 관하여 분쟁의 당사자가 되거나 심각한 군사적 충돌위험도 감수하고 있다.

1. 북극해 관련 다양한 국가들의 갈등

현재 어떤 국가도 북극점(North Pole)에 대한 뚜렷한 주권을 갖고 있지 않다.

다만 북극해에 접하는 미국, 러시아, 캐나다, 노르웨이, 덴마크가 자국의 연안으로부터 200해리의 배타적 경제수역(Exclusive Economic Zone, EEZ)을 행사하여 경제활동 및 자원에 대한 권리를 갖는다. 이처럼 북극에 대한 명확한 주권 및 경계가 없는 상황에서, 이 연안국들은 배타적 경제수역의 주장 이외에 대륙붕 개념에 관한 UN해양법협약(United Nations Convention on the Law of the Sea, UNCLOS)의 규정에 근거하여 자국의 영유권을 확장할 가능성이 있다.

북극해 해저의 약 50%가 대륙붕을 형성한다고 한다(Macneill, 2020:227). 북극점을 중심으로 이러한 해저에는 알파해령(Alpha Cordillera), 난센해령(Nansen Cordillera), 로모노소프해령(Lomonosov Ridge)이라는 3개의 주요한 해저 산맥이 자리하고 있다. 로모노소프해령은 해저로 북극점을 관통하기 때문에, 어느 국가가 이 해령과 자국의 영토가 연결됨을 입증하고 영유권을 얻는다면, 해령 주변 지역의 개발을 통한 막대한 자원과 경제효과를 얻을 수 있다. 따라서 이 해령에 기인하는 대륙붕 개념과 영유권 주장이 북극해 분쟁을 낳게 되는 대표적인 사례이다.

영유권 확보는 자국의 영토와 대륙붕으로 이어져 있는 구역을 과학적으로 입증하는 자료를 대륙붕한계위원회(UN Commission on the Limits of the Continental Shelf, CLCS)에 제출하는 것으로 시작한다. 대륙붕한계위원회는 이러한 자료를 제출받아서 검토하고, 추가 입증 및 심사의 과정을 통해서 결론에 이르는 절차를 수행한다. 현재 러시아, 캐나다, 덴마크 등이 이와 같은 대륙붕 개념을 근거로 하는 절차를 활용하여 영유권 확보를 위한 노력을 진행하고 있다(Kefferpütz, 2010:3–4).

러시아는 2001년 자국과 로모노소프해령의 연결을 주장하는 자료를 대륙붕

한계위원회에 제출한 바 있으나, 과학적 근거가 불충분하다는 이유로 기각되어 데이터를 보완해 2013년 다시 제출하였다(Käpylä and Mikkola, 2013). 러시아는 데이터를 보완하는 과정에서 2007년 아르크티카 원정(Arktika 2007 expedition)으로 북극권 국가들의 긴장을 유발하였다. 캐나다는 2003년부터 과학적 근거를 수집하여 2019년 대륙붕한계위원회에 자료를 제출하였는데, 러시아의 행동에 대하여 북극 지역에서의 경제 및 군사적 활동을 확장할 것이라고 발표하였다(Janicki, 2012: 87–97).

유럽 국가인 덴마크는 자국의 영토인 그린란드 연안이 북극해와 만나고 있으며, 그린란드 해저로부터 출발하는 대륙붕이 로모노소프해령과도 연결되어 있음을 주장하고 있다. 그러나 러시아의 최근 행보에 대한 덴마크의 반응은 캐나다의 반응에 비해서 비교적 덜 공격적이었다. 그러나 결국 덴마크도 2014년 그린란드 자치주가 로모노소프해령과 연결되어 있다는 자료를 대륙붕한계위원회에 제출하였고, 로모노소프해령과 그린란드를 구성하는 지질이 같다는 과학적 근거로 북극해에 대한 영유권을 주장하였다.

이러한 모습은 북미와 유럽의 국가들이 러시아가 세력을 확장하는 것을 경계하고 있다는 의미이다. 이와 같은 상황에서 서로에 대한 군사 대응 및 훈련으로 비롯되는 북극 지역의 안보딜레마에 대한 우려도 나오고 있다. 로모노소프해령과 연결되는 대륙붕 개념에 근거한 러시아, 캐나다, 덴마크가 주장하는 영유권 지역은 상당히 중복되기 때문에, 이 지역들에 대한 분쟁 가능성이 끊임없이 대두된다. 여기에 더하여 또 다른 북극해 인접국인 노르웨이의 영유권도 다소 중복되는 부분이 있으므로, 북극해의 영유권 분쟁은 복잡한 문제로 남아있다.

2. 러시아의 국내법을 통한 북극항로 규제 움직임

러시아는 여러 국내법을 정비하면서 북극항로의 본격적인 활용에 법적으로 대비하고 있다. 「러시아연방의 내수, 영해 그리고 접속수역에 관한 연방법」(영해법)은 1998년에 제정되었다. 이 법은 러시아 인접 해역을 통과하는 북극항로와 관련하여, '북극해항로 항해' 조항을 두면서 북극해항로에 대한 관할권이 러시아연방 정부에 있음을 선언하였고, 특히 북극해항로의 항해가 영해법과 같은 연방법과 유엔해양법협약과 같은 러시아가 체결한 조약 등에 의해 규율된다고 규정하였다. 영해법은 북극해항로에 대한 러시아의 역사성을 명시하여, 북극해항로 관련 국제조약과의 관계에서 러시아가 배타적 또는 우월적 관할권을 가진다는 점을 강조하였다. 이 법은 유엔해양법협약이 보장하는 연안국의 권리로서 북극해항로와 관련된 법령제정권을 적극적으로 활용한 것이다.

1998년에는 「러시아연방 배타적 경제수역에 관한 연방법」(배타적경제수역법)도 제정되었다. 이 법 제32조는 배타적 경제수역에서 연중 대부분이 빙하로 덮인 지역에서의 항해, 즉 북극해항로에서의 선박 항해에 대한 위험과 해양환경의 오염을 명시하면서 이에 대한 러시아의 관할권을 규정하였다. 이 규정은 러시아연방의 해양자원 오염에 대응하는 목적의 입법 가능성을 의미하며, 환경적 악조건과 항해에 대한 장애의 발생 위험성에 대한 부분은 쇄빙선에 의한 도선 등 특수한 조치가 필요함을 암시한다. 해양환경의 오염과 파괴를 우려하는 조항의 부분은 환경과 해양자원의 오염 방지와 보전을 위해 러시아가 국내법령을 제정하고 집행하는 근거이다.

1990년 소련 각료회의 결정 제565호로 채택된 「북극해항로 운항규칙」(운항규칙)은 러시아 북극해항로의 선박의 항행과 관련한 사항을 규율하는 법령이며 역사적인 의미가 있다. 이 운항 규칙은 북극해항로의 범위를 노바야 제믈랴 해협의 서쪽 입구와 젤라니에 곶으로부터 북쪽을 가로지르는 자오선을 경계로, 동쪽으로는 베링해협 북위 66도와 서경 168도 지점까지로 규정하였고, 이를 바탕으로 이 법령은 북극해항로의 일반적 관리, 운항 통보 및 쇄빙선 호송신청, 선박과 선장에 대한 요구사항, 항해규칙 및 단속검사, 항해 중지 및 선박 퇴거명령 등을 규정하였다.

1996년에 제정된 「북극해항로를 항해하는 선박의 쇄빙선 도선 규칙」(도선 규칙)은 이러한 운항규칙의 북극해항로 운항요청에 대한 절차와 선박 및 선장에 대한 사항들을 구체화한 법령이다. 이 도선 규칙은 구체적으로 운항요청서 제출 및 통보, 북극해항로관리국의 권한과 의무, 선박의 호송, 도선사 및 쇄빙선 선장의 역할과 책임 등에 관한 사항들을 규정하였다.

「북극해항로 운항선박의 구조, 장비 및 보급을 위한 요건 규정」(선박 요건 규정)은 위험한 항해 조건을 가진 북극해항로에서의 안전, 그리고 오염으로부터 북극해의 해양환경 보존을 위한 목적으로 제정되었다. 이 규정은 북극해를 운항하는 선박이 갖출 구조적 요건들을 명시하였으며, 1990년 운항 규칙과 「북극해항로관리국에 대한 규정」에 근거하였다. 선박 요건 규정은 북극해항로를 운항할 수 있는 선박은 등록 총톤수 300톤 이상의 선박으로 제한하면서, 선박의 선체, 기계설비, 시스템과 장치, 복원성과 충격 부력, 항해 및 통신장비, 식량 보급 및 구급 시설, 선박의 선원 등에 관한 규정을 두었다.

북극해항로 관련 러시아 국내법령들은 러시아의 국익 위주로 개정되고 있으며, 국제법의 기준에 비추어 문제점이 지적되고 있다. 러시아는 국내법령상 북극해항로의 주요 해협들이 러시아 영해 또는 내수에 포함된다고 주장하지만,

다른 국가들은 UN해양법의 기준으로 북극해항로의 해협이 '국제해협'에 해당한다고 주장하면서 선박의 자유로운 항행권을 강조한다.

러시아의 운항 규칙에서 '결빙 지역'이라는 이유로 배타적 경제수역 외부의 공해까지 러시아 국내법을 적용하려는 것이 UN해양법협약 제234조와 충돌된다는 지적도 있다. 연안국이 관할하는 해역을 외국선박이 통행하는 것과 관련하여, UN해양법협약은 통항만을 이유로 수수료를 부과할 수 없고 특정한 역무가 제공된 경우에만 그 대가로 수수료를 부과할 수 있도록 하였는데, 러시아 정부가 외국 선박에 대해 국가 공인 도선사의 승선이나 쇄빙선 호송과 같은 서비스를 제공하는 것을 대가로 수수료를 징수하는 것이 잘못이라는 비판도 있다.

3. 러시아에 대한 북유럽 국가들의 공동대응

북극 지역은 지정학적 필요성에 기인하여 세계 대전에서도 많은 전투가 있었던 지역이고, 냉전 기간에도 평화와 위험이 공존하는 지역이었다. 이 지역에서 군사적 경쟁이 새롭게 강화되면서, 유럽의 국가들도 민감하게 반응하고 있다. 유럽의 공동안보 문제는 최근 EU에서 활발한 논의가 진행된 분야 중의 하나인데, 특히 북극 지역에서 러시아의 군사행동에 EU 차원에서 공동대응하는 전략으로 범위가 확장되고 있다(Dolata, 2020: 21).

많은 유럽의 국가들과 북미의 미국 및 캐나다로 구성된 북대서양조약기구(North Atlantic Treaty Organization, NATO)도 북극해와 군사적 움직임에 대응하고 있다. 2008년 NATO가 마련한 활동 반경에 따르면, 북극 지역도 NATO의 활동 범위에 포함되며 생태와 같은 연성 안보(Soft Security) 문제와 함께 군사적인 경성 안보(Hard Security)도 활동을 위한 고려대상이 되었다(Heininen, Sergunin and Yarovoy, 2014: 43). NATO는 2009년에 러시아의 행동에 대응하기 위하여 13개국과 7,000여 명의 군사가 투입된 대규모 군사훈련 'Cold Response'를 실시하기도 했다.

그러나 유럽과 북미 지역을 아우르는 전통적인 안보 체계인 NATO에 의존하였던 유럽 국가들은 이미 유고슬라비아 내전과 해체를 경험했다. 이에 대한 반성에서 시작된 유럽안보방위정책(European Security and Defence Policy, ESDP)은, 유럽식 안보 정책에 필요한 효과적인 협력의 틀을 제공해왔다. 그러나 유럽의 안보에 관한 논의는 여전히 국가 단위에서 결정되었거나 NATO의 영향이 크게 작용하는 데에서 그쳤다. 유럽의 안보전략은 인종 분쟁이나 조직범죄에 대응하는 수준에 머물렀다(Merlingen and Ostrauskaite, 2008:1–2).

북극해의 교류가 확대되어 인접 국가들의 이해관계가 갈등을 낳기 시작하면서, 영토분쟁 및 각종 의견대립이 드러났다. 예를 들어, 러시아는 북극항로의 개발과 활용이 실현되기 시작하면서 전통적인 안보 문제를 경제적 가치와 연결하고 있다(이영형·박상신, 2020: 11). 북유럽 국가들의 외교·안보 협력 역시 이러한 상황들과 마주하게 되었다. 노르웨이와 러시아의 경우 오랜 기간 지속되던 국경분쟁을 2010년 '바렌츠해 및 북극해에서의 해양 경계 획정 및 협력에 관한 협정(Treaty on Maritime delimitation and Cooperation in the Barents Sea and the Arctic Ocean)'을 체결하여 해소하였으나, 다른 국가들의 영유권 분쟁은 계속되고 있다.

2000년대 들어서면서 북유럽 국가들의 군사협력이 확대되었다. 2008년에는 북유럽 5개국이 노르딕지원방어구조(Nordic Supportive Defence Structures,

NORDSUP)를 정식으로 출범시켰다. 2009년에는 북유럽 국가들에 다자간 공동 방위 정책을 도입하여 방위력을 강화하고 효율적인 작전을 수행하고자 노르딕 방위협력기구(Nordic Defence Cooperation, NORDEFCO)를 설립하였다. 전통적으로 러시아와 구소련에 대응하는 안보 전략을 유지해왔던 북유럽 국가들은 방위협력을 통하여 각국의 방위 시스템을 조율하고 정보를 교환하여 안보 위기에 효과적으로 대응할 수 있다고 보았다(Sergunin, 2019: 86).

III. 러시아와 유럽의 협력

러시아와 유럽 국가들은 북극해와 북극항로에 관한 다양한 갈등과 분쟁을 경험하고 있다. 그러나 한편으로는 이들이 양자조약 또는 지역조약 등을 체결하면서 이 지역에서 발생하는 분쟁과 갈등을 조정하는 경우도 있다. 한편 이들은 환경이나 생태계 보호 등에 관하여 공동가치를 반영하여 조약을 제안하거나 체결에 적극적인 모습을 보이기도 하였다.

1. 스발바르 조약(Svalbard Treaty)의 체결

스발바르 제도는 북유럽 스칸디나비아반도에서 북쪽으로 북극해에 있는 군도로, 노르웨이와 북극점의 중간에 위치한다. 이 제도에 속한 여러 섬에 정착지가 자리 잡고 있으며 러시아인 탄광촌과 과학연구를 위한 기지 등이 세워져 있다. 한국의 북극 '다산과학기지'도 스발바르 제도에 있다. 스발바르 제도는 18세기까지 고래잡이 기지로 이용되었으며, 20세기 초에 석탄 및 채광이 시작되면서 사람들이 정착하게 되었다.

1920년 제1차 세계 대전이 끝나고 베르사유 협상이 진행되는 과정에서 마련된 스발바르 조약은 스발바르 제도에 대한 국제법적 처리를 위해 파리에서 체결되었다. 이 조약의 공식 명칭은 '스피츠베르겐의 지위를 규정하고 노르웨이에 주권을 부여하는 조약(Treaty regulating the status of Spitsbergen and conferring the Sovereignty on Norway)이며, 10개의 조항(Article)과 부속서로 구성되어 있는 비교적 짧은 국제법이다. 이 조약은 국제법상 스발바르 제도에 대한 노르웨이의 주권과 이에 관련된 여러 가지 원칙을 설정하고 있다.

노르웨이는 이 조약에 근거하여 스발바르 제도에 대한 통치권을 얻게 되었다. 이후 1925년, 국내법인 '스발바르 법'을 통해 공식적인 노르웨이 영토가 된다. 그러나 이 조약은 노르웨이의 스발바르 제도 통치에 일정한 제한을 설정하고 있기 때문에, 노르웨이 국내법 전체가 이곳에 적용되지는 않는다. 스발바르 조약의 주요 내용은 다음과 같다(이용희, 2013: 113–115).

- 노르웨이의 일부로서 스발바르 제도: 스발바르 제도는 노르웨이의 일부이며, 이 조약에 의한 제한을 제외하고는 노르웨이 정부가 통치한다.
- 과세: 노르웨이 정부는 세금을 징수할 수 있으나, 이 세금은 모두 스발바르 제도에만 사용된다.
- 환경 보전: 노르웨이는 스발바르 환경을 존중하고 보존해야 한다.
- 차별 금지: 모든 국가의 시민과 기업은 거주자가 될 수 있으며 모든 해양, 산업, 광업 또는 무역 활동을 수행할 수 있고, 스발바르 제도에 접근할 권리를 가진다. 거주자는 노르웨이 법을 준수해야 하지만 정부는 국적에 따른 차별

을 할 수 없다.

– 군사 제한: 스발바르 제도는 해군기지를 포함하여 전쟁과 같은 목적으로 스발바르를 사용할 수 없다.

스발바르 조약이 체결되었던 1920년에는 체결국이 미국과 덴마크, 프랑스, 이탈리아, 일본, 네덜란드, 노르웨이, 스웨덴, 영국, 캐나다의 영국 해외 자치령, 오스트레일리아, 인도, 남아프리카, 뉴질랜드, 이렇게 14개의 국가로 구성되었다. 이후 이 조약에는 1924년에 러시아의 전신인 소비에트 연방 그리고 1925년에 독일과 중국이 참여하였다. 노르웨이를 포함한 일부 국가의 이해관계를 조율하기 위해 체결된 스발바르 조약은 오늘날 40개국 이상의 서명국이 참여하고 있다.

100년의 역사를 가진 스발바르 조약은 유럽과 러시아가 참여하여 다자조약으로 확대되었으며, 현대 국제법 역사에서 영토분쟁 해결을 위한 조약의 대표적인 사례로 평가된다. 노르웨이를 포함한 유럽 국가들은 이 조약의 체결 초기부터 참여하면서 주도하였고, 소비에트 연방과 이후 러시아가 적극적으로 참여하면서 스발바르 제도를 경제특구와 비무장 지대로 만들었고 조약의 체결국들이 평등하게 경제활동을 할 권리를 가지게 되었다. 2012년 노르웨이와 러시아가 이 권리를 이용하여 현재도 채굴 활동을 하고 있으며, 연구와 관광이 이곳의 새로운 산업이 되었다.

2. 북극이사회의 형성과 관련 국제법 발전의 주도

러시아와 유럽 국가들을 포함한 북극 지역 국가들은 1989년 환경보존을 위한 논의를 시작하여, 1991년 북극환경보호전략(Arctic Environmental Protection Strategy)이라는 기구를 설립하였다. 이 기구는 북극 지역의 보존·보호·감시·비상사태 대응 등의 역할을 수행하였다. 그러나 북극 지역의 천연자원 개발이 주목받고 북극해를 통한 해상운송과 급격한 기후변화 등의 문제들이 발생하면서 새로운 협의체가 필요하였다.

이에 북극 지역 8개국은 1996년 9월 캐나다에서 오타와 선언(Ottawa Declaration)을 발표하였다. 오타와 선언의 주요 내용은, 북극지역 정부 대표 회의는 특수 관계에 대한 인정과 원주민 및 공동체에 대한 독특한 기여를 포함하여 북극 거주자들의 복지에 대한 헌신, 경제 및 사회 발전, 건강 상태 개선, 문화 복지를 포함한 북극 지역의 지속 가능한 발전에 대한 약속, 북극 생태계의 건강, 북극 지역의 생물다양성 유지, 천연자원의 보존 및 지속 가능한 사용을 포함한 북극 환경 보호에 대한 약속, 북극 환경 보호 전략의 기여, 원주민과 지역사회에 대한 전통적인 지식 인정, 원주민과 지역사회 및 북극의 다른 거주자들과의 협의와 참여 보장 등이다(윤영미, 2009: 52).

이와 같은 오타와 선언을 바탕으로 북극의 환경보존 및 지속 가능한 개발을 위한 북극 관련 정책을 논의하는 정부 간 협의기구로 북극이사회(Arctic Council)가 설립되었다. 북극이사회 회원국은 북극 지역 8개국이며, 이누이트족 등 북극 원주민 6개 단체에 상시 참여자(permanent participants) 지위가 부여되었다. 북극이사회에는 12개의 비북극 지역 국가, 그리고 국제적십자연맹과 국제자연보존연맹 등 9개의 정부간 기구 및 해양보호자문위원회와 국제북극과학위원회 등 11개의 비정부기구가 옵서버로 참여하고 있다. 옵서버에게는 회의에 참석해 정보를 교환하고 의견을 개진할 수 있는 자격이 주어진다(임유진·이연호,

2014: 176–178).

북극의 환경과 기후, 생물다양성, 북극해, 북극 거주민 등 북극을 둘러싼 각종 현안과 정책을 논의하는 북극이사회에는 북극 오염대책 프로그램, 북극 모니터링 및 평가 프로그램, 북극 동식물보존, 비상사태 예방·준비·대응, 북극 해양환경 보호, 지속가능개발이라는 6개 실무분과(Working Group)가 마련되어 있다. 의사결정은 8개 회원국의 외교장관 등이 참석하는 최고의사결정 기구인 각료회의(Ministerial Meeting)가 2년마다 개최되어 협의를 통해 이루어진다.

북극이사회 회원국들은 이 지역의 보호와 관련 분야의 협력을 위하여 조약을 체결하였다. 대표적인 조약들은 북극의 항공 및 해양 수색 및 구조 협정, 북극해 해양유류오염 준비 및 대응 협정, 북극과학협정 등이다. 이밖에 북극이사회 회원국들은 2011년 조난자 수색과 구조를 위한 항공 및 해양 수색 및 구조에 관한 협력 협정을 체결하였고, 2013년에는 북극해의 유류오염 대응에 관한 협정을 체결하였다. 2017년 북극이사회 회원국들은 북극 과학협력 강화에 관한 협정을 체결하였다.

북극 지역 국가들의 정부 간 협의체인 북극이사회는 북극 지역의 다양한 논제를 취급하여 해결하는 데 큰 역할을 하였다. 러시아와 유럽의 국가들이 협력하여 북극이사회의 설립에 주도적인 역할을 하였다는 것도 분명하다. 그러나 북극이사회가 이 지역 국가들에게만 정식 회원국의 지위를 부여하며, 다른 국가들에게는 옵저버 자격 이상의 권리는 부여하지 않는다는 폐쇄성을 가지고 있다는 한계가 있다. 나아가 북극이사회 자체가 정부간 협의체에 불과하며, UN이나 WTO와 같이 국제법상 법인격을 가지는 국제기구는 되지 못한다는 점에서 국제사회의 국제법 주체로 인정하기는 어렵다는 한계가 있다.

3. 다자간 국제조약의 체결 노력

북극곰보존조약(Agreement on the Conservation of Polar Bears)은 1960년대 증가한 북극곰 사냥으로 북극곰이 멸종위기에 놓이자 1973년 11월 오슬로에서 캐나다, 덴마크, 노르웨이, 미국, 소비에트 연방 등 북극곰 개체 수가 많은 5개국이 체결한 조약이다. 이 조약은 일반적인 북극곰 사냥을 금지하며, 북극곰의 생태계를 보호하기 위한 조치의 책임에 따라서 조약의 체결국들이 최선의 과학적 자료에 기초한 적절한 북극곰 개체군 관리를 실시해야 한다고 명시하였다.

북극곰보존조약에 따르면, 북극곰에 대한 규제되지 않은 스포츠 사냥, 북극곰 개체수에 해로운 항공기 및 쇄빙선으로부터의 사냥이 금지된다. 그러나 과학적 목적과 다른 생물자원의 심각한 혼란을 막기 목적의 사냥과, 정당의 법에 따라 전통적 권리의 영역에서 전통적 방법을 사용하는 토착 소수민족의 사냥은 허용된다. 조약의 체결국에서는 북극곰 수출과 수입 및 밀매가 금지된다. 조약의 체결국들은 북극곰 연구결과를 공유하고 연구작업을 조정한다.

유럽 국가들은 꾸준히 자신들의 정책과 가치를 반영한 국제법의 형성과 발전에 참여하고 있다. 예를 들어, 2015년 북극 지역 5개국은 노르웨이 오슬로에서 예방적 접근을 근거로 '중앙북극해에서의 비규제 공해어업방지에 관한 선언(오슬로 선언)'을 발표하였다. 이를 근거로 2015년 미국은 '중앙북극해 비규제 공해어업방지 협약안'을 만들어 채택하고자 관련 국제회의를 개최하였다. 이 협약안은 논의를 통해서 더욱 구체화되었고, 러시아를 포함한 북극해 연안 5개국(미국, 러시아, 캐나다, 덴마크, 노르웨이)과 비연안 5개국(한국, 중국, 일본, 아이슬란드, EU)가 참여하여 2018년 그린란드에서 공식 조약으로 체결되었다(임지형, 2016: 344).

중앙북극해 비규제 공해어업방지 협약은 북극해 연안 5개국 배타적 경제수역으로 둘러싸인 중앙 북극해 공해지역 해양생물자원의 보존 및 지속가능한 이용을 위해 한시적 사전예방 조치를 도입하였다. 중앙북극해 비규제어업방지 협정 체결국들은 북극 원주민들의 지식과 경험을 공유하기 위한 워크숍, 과학 전문가들의 공동조사 관련 논의를 위한 임시과학조정그룹 회의 등을 통해서 중앙북극해 지역의 생태계를 보존하기 위한 논의를 지속하고 있다.

2017년 국제해사기구(International Maritime Organization, IMO)는 '극지해역 운항 선박을 위한 국제기준'(International Code for Ships Operating in Polar Waters, Polar Code)을 발효시켰다. 이 기준은 기후변화 및 인간의 항행 활동 증가로부터 북극과 남극지역을 보호할 목적으로 제정되었으며, 법적 구속력을 가진 규범으로 북극 및 남극을 운항하는 선박에 적용된다. UN해양법에서 비롯된 북극항로 관련 국제법 적용기준들은, 북극해에 진입하는 선박에 대한 안전 및 환경표준이 구체화된 Polar Code 제정으로 더욱 구체성을 가지게 되었다.

IV. 북극해와 북극항로: 갈등과 협력의 미래

북극 지역은 대륙으로 둘러싸인 바다이지만, 이 지역은 해류 및 기류의 순환으로 지구 기후의 균형을 유지하면서 독특한 자연환경이 외부변화에 취약한 생태계를 가지고 있다. 한편으로는 인류에게 터전이 되어 주민들의 전통적인 생활방식은 북극의 특징을 만들고 있다. 그러나 인류는 지구에서 가장 혹독한 자연환경을 가진 이 지역에 접근하기 시작하면서 많은 분쟁을 만들어왔다. 북극 지역의 분쟁들은 국제사회의 규율과 규범의 마련이라는 과제로 연결되었으며, 러시아와 유럽 등 인접 국가들의 노력으로 국제법에 근거한 규율과 체계가 견고해지고 있다.

그러나 여전히 북극의 문제에 관한 규율체계와 관련 규범들은 각기 다른 특성을 가지고 통일되지 못하고 있다(김기순, 2010: 14). 이 지역에는 러시아, 유럽, 북미의 8개국 국가들의 정치적 협력에 기초한 북극이사회 중심의 법제도와 이 국가의 국내법, 양자 또는 지역협정 등이 공존하고 있다(김민수, 2020: 182). 북극 지역에 관한 국제법과 규율방식은 북극 지역이 가지고 있는 특성에서 비롯된다. 그러나 국제사회의 의견을 북극 지역 관련 국제기준과 조화시키기 위해서는 지속가능성 개념과 같은 공통의 원칙을 추구하는 것은 필요하다.

북극해는 오랫동안 러시아와 유럽 국가들의 이해관계가 교차하며 분쟁을 낳았던 무대였기 때문에, 이들은 북극해와 관련된 정책들을 꾸준히 발전시켜왔다. 특히 오래전부터 유럽, 북미, 러시아 등이 참여하여 양자 또는 지역적 협정 체결이 비교적 누적되었기 때문에, 러시아와 유럽은 북극해 관련 국제법의 발전에도 이바지했다고 평가할 수 있다. 스발바르 제도에 대한 갈등과 이에 관한 협약의 체결이 대표적 사례이다.

최근 지구온난화로 인한 환경변화와 교통기술의 발달로 인한 접근 가능성의 확대 등 전 지구적 문제와 상황들은 이 지역에 관한 국제법의 발전에 있어서 변화를 요구하고 있다. 이러한 문제들은 이 지역이 가지는 지역적 특색을 반영한 양자 간 또는 지역 내 조약의 발전보다는, 전 인류와 지구에 공통적인 가치와 원칙이 더욱 중요하게 반영된 국제법을 요구한다. 따라서 오래전부터 환경문제와 인권, 평화, 지속가능성 등 유럽의 가치가 이 지역과 관련된 국제법 발전에 활용될 수 있다.

북극해에 적용될 수 있는 대표적인 국제법 기준은 UN해양법협약의 내용이다. 1982년 채택되고 1994년 발효된 이 협약은, 영해, 배타적 경제수역, 대륙붕, 공해, 심해저 등 여러 해양기준을 명시하고 있으며, 국제해양법 분야에서 가장 포괄적인 규정들을 담고 있다. 이 조약은 해양환경을 보호 및 보전하기 위하여 항구국가 및 연안국가에 규제권을 부여하면서도, 각국의 이러한 규제 권한이 남용되는 것을 방지하기 위하여 공정하고도 합리적인 심리절차와 과잉조치에 대한 책임을 규정하였다.

2017년에 체결된 국제해사기구의 극지 해역 운항 선박을 위한 국제기준(Polar Code)과 2018년 체결된 중앙북극해 비규제어업방지협정은 러시아와 유럽 국가들을 포함하여 한국도 참여하는 다자간 조약이다. 이 국제기준들은 기후변화 및 인간의 항행 활동 증가로부터 북극해를 보호할 목적으로 제정되었으며, 법적 구속력이 명확하다. 이러한 변화는 러시아와 유럽 국가 등 북극해 연안국 중심의 북극이사회 패러다임에 기반한 폐쇄적 규제체제에서 다자국가의 참여가 가능한 개방적이고 보편적 규제체제로의 전환함을 의미한다. 그러나 러시아 사례와 같이, 북극항로에 관한 국제법과 국내법 기준의 충돌 및 자국의 이익을 우선하는 현상은 당분간 계속될 것이다.

한국은 국제법 기준의 발전에 적극적으로 참여하면서도, 러시아와 유럽 국가 등 북극해 및 북극항로 관련 연안 국가들과 협력을 통하여 그들의 국내법 적용에 있어서 혜택 또는 불공정한 적용의 회피를 위한 수단을 마련해야 할 것이다. 한-EU FTA의 새로운 협상이나 한-러 FTA와 같은 양자 간 협정의 추진과정에서 이러한 부분을 의정서와 같은 하위규범으로 삽입하는 방법을 구상할 수 있다. 북극항로 개척과 같이 관련 분야의 법도 새로운 길을 개척해야 할 시기가 되었다.

참고문헌

김기순. 2010. 「남극과 북극의 법제도에 대한 비교법적 고찰」. 『국제법학회논총』(대한국제법학회) 55(1). 13-53.

김민수. 2020. 「북극 거버넌스와 한국의 북극정책 방향」. 『해양정책연구』(한국해양수산개발원) 35(1). 179-200.

김봉철. 2019. 「북극항로 협력 등 한-러 무역활성화 구축을 위한 연구」. 『무역학회지』(한국무역학회) 44(4). 115-128.

노영돈·박원. 2011. 「북극해항로 관련 러시아 법제의 최근동향」. 『서울국제법연구』(서울국제법연구원) 18(2). 97-121.

윤영미. 2009. 「러시아의 북극지역에 대한 해양안보 전략: 북극해 개발과 한-러 해양협력을 중심으로」. 『동서연구』(연세대학교 동서문제연구원) 21(2). 1-35.

이영형·박상신. 2020. 「러시아 북극지역의 안보환경과 북극 군사력의 성격」. 『한국시베리아연구』(배재대학교 한국-시베리아센터) 24(1). 1-34.

이용희. 2012. 「북극 북서항로의 국제법적 지위에 관한 연구」. 『경희법학』(경희대학교 법학연구소) 47(4). 89-124.

이용희. 2013. 「북극 스발바르조약에 관한 연구」. 『해사법연구』(한국해사법학회) 25(2). 107-136.

이재성. 2017. 「북극항로 및 북극권 자원 이용 전략에 관한 연구」. 『해양비즈니스』(한국해양비즈니스학회) 38. 119-140.

임유진·이연호. 2014. 「북극의 정치학과 북극정책의 새로운 길」. 『동서연구』(연세대학교 동서문제연구원) 26(4). 1-24.

임지형. 2016. 「중앙 북극해 공해어업에 관한 국제입법 동향 분석」. 『해사법연구』(한국해사법학회) 28(3). 343-366.

Macneill, Christopher Mark. 2020. "A Trip to Lomonosov Ridge: The Arctic,

UNCLOS, and "Off the Shelf" Sovereignty Claims". Journal of Environmental Law and Litigation. 35, 227-260.

Käpylä, Juha and Harri Mikkola, 2013. "Arctic Conflict Potential: Towards an extra-Arctic perspective", FIIA Briefing Paper. 38, 1-9.

Janicki, Wojciech. 2012. "Why do they need the Arctic? The first partition of the sea". Arctic, 65(1). 87-97

Heininen, Lassi, Sergunin, Alexander and Gleb Yarovoy. 2014. "Russian Strategies in the Arctic: Avoiding a New Cold War". Valdai DIscussion Club Grantees Report. Moscow: Valdai DIscussion Club.

Kefferpütz, Roderick. 2010. "On thin ice? (Mis)interpreting Russian policy in the high north". CEPS Policy Brief, 205. 1-10.

Dolata, Petra. 2020. "A Balanced Arctic Policy for the EU". In-Dept Analysis. Belgium: European Parliament's Policy Department for External Relations.

Merlingen, Michael and Rasa Ostrauskaite. 2008. "The European Union in International Security Affairs". Merlingen, Michael and Rasa Ostrauskaite. eds. European Security and Defence Policy: An implementation perspective. 1-8, New York: Routledge.

Sergunin, Alexander. 2019. "Arctic Regional Security". Erokhin, Vasilii, Gao, Tianming and Xiuhua Zhang. eds. Handbook of Research on International Collaboration, Economic Development and Sustainability in the Arctic. 79-98. Chicago: IGI Global.

제3장

절망의 풍경

『희망 공장』에 나타난 노릴스크의 북극 이미지와 도시 정체성

라승도

I. 서론

노릴스크는 러시아연방 시베리아연방관구 크라스노야르스크변강주에 속하는 타이미르자치구의 대표 도시로 북위 69°51'의 노릴카강 우안에 자리 잡고 있다. 도시명도 시베리아 소수 토착민 에벤키족 말로 '늪지'를 뜻하는 노릴카에서 유래했다. 북위 66°33' 이북의 북극권 안에 있는 세계 도시 중에서 노릴스크는 러시아 북서연방관구 북극권 최대 도시인 무르만스크에 이어 인구 18만여 명으로 두 번째로 크다. 또한, 노릴스크는 인구 10만 명 이상 세계 도시 중에서 유일하게 영구동토 지대의 모노타운(Monotown), 즉 특정 광물이나 에너지 자원 채굴을 위해 형성돼 발전한 단일 산업도시로서 북극권 최대 규모를 자랑한다. 이와 함께 연중 146일만 정상적인 밤과 낮을 경험할 수 있을 뿐인 노릴스크에서 백야 현상은 연중 68일간, 종일 어두운 날은 45일간 이어진다. 영상 기온은

연중 84일만 관측되며 274일 동안 눈에 덮여 있는 가운데 한겨울 최저 기온은 영하 50도까지 떨어진다.(Shiklomanov and Laruelle 2017, 251) 강한 눈보라나 폭풍설도 자주 발생하며, 이때는 사람은 물론이고 차량조차 이동하기 어렵다.

이처럼 인간이 살기 매우 어려운 북극의 극단적 자연 조건 속에 노릴스크가 건설되어 지금까지 적잖은 인구가 꾸준히 유지되고 있는 것은 1920년대 이곳에 니켈과 구리, 백금, 팔라듐 등 다양한 유용광물이 풍부하게 매장돼 있는 것으로 확인된 직후 1930년대부터 대대적으로 개발되어 왔던 덕분이다. 실제로, 오늘날 노릴스크를 북극 최대 모노타운으로 성장하게 해준 세계적 광산 기업 노르니켈(Nornickel)[1]에서 생산하는 팔라듐은 세계 생산량 가운데 35%를 차지한다. 이와 함께 니켈과 로듐은 세계 생산량 중 각각 20%, 백금과 코발트는 각각 25%와 10%를 점유한다. 특히, 노르니켈의 니켈과 코발트 생산량이 러시아 국내에서 차지하는 비율은 95% 이상으로 압도적이다.[2]

세계 1위 팔라듐 생산 기업으로도 유명한 노르니켈은 팔라듐과 니켈 등 광물 자원 생산으로 2019년 130억 달러 이상의 매출액과 약 60억 달러의 순이익을 올렸다.[3] 노르니켈은 러시아의 광물자원 수출에서 적잖은 비중을 차지하며 국부 창출에도 상당 부분 이바지한다. 게다가 노르니켈은 러시아의 국가적 차원에서만 아니라 노릴스크의 지역적 차원에서도 기여하는 부분이 매우 크다.(Норникель 2016, 86–105) 하지만 노르니켈은 북극 지역 개발이라는 순기능만 아니라 북극 환경 파괴라는 역기능도 낳고 있어 러시아에서만 아니라 세계적으로도 깊은 우려를 자아낸다. 노릴스크가 환경오염이 가장 심한 세계 10대 도시에 포함되는 오명을 쓴 것도 노르니켈의 광산과 공장에서 뿜어져 나오는 각종 유해물질에서 기인한다.[4] 특히 세계 최대 니켈 제련소 '희망 공장(콤비나트 나데즈다)'에서 유출되는 매연과 유황산화물은 노릴스크 시내에서는 물론이고 도심에서 멀리 떨어진 근교 지역에서까지 나무 한 그루도 자라지 못할 정도로 자연환경을 파괴하고 주민 건강을 위협하며 도시 안팎에 삭막한 풍경의 묵시적 분위기까지 조성한다.[5]

노르니켈의 활동에서 뚜렷하게 관찰되는 개발과 파괴의 모순적, 대립적 현상은 노릴스크 건설과 발전 역사에서도 분명하게 감지된다. 2020년 7월 17일 노릴스크 신도심 레닌 대로 남쪽 끝 그바르데이스카야 광장에서는 노르니켈 창립 55주년을 맞아 리나트 아흐멧친(Rinat Akhmetchin) 노릴스크 시장과 니콜라이 웃킨(Nikolai Utkin) 노르니켈 북극지사 사장이 참석한 가운데 '노릴스크 금속인 기념비' 제막식이 성대하게 열렸다.(Шайхова 2020) 이 기념비는 1966년 6월 22일 노릴스크시가 바로 이곳에 설치한 기념 현판에 담긴 약속이 54년 만에 마침내 실현된 결과다. 기념비 앞 현판에는 "도시와 공장을 건설한 노릴스크인들의 위업을 상기하는 오벨리스크가 미래에 여기서 나올 것이다"라고 쓰여 있다.

이와 관련하여 주목할 점은 1930~40년대 노릴스크에서 광물 채굴과 공장 건설, 도시 조성 과정에 강제 동원돼 희생된 굴라크(GULAG, 교정노동수용소) 죄수들의 수난사가 오늘날 '노릴스크 금속인'으로 표현되는 1950년대 노릴스크 개척자들의 영웅담에 밀려 제대로 기억되지 못하고 있다는 사실이다. 바꾸어 말하자면, 1930년대 스탈린 공포정치 당시 주로 정치 박해로 끌려와 굴라크에 수감된 사람들은 노릴스크 탄생 과정에서 목숨까지 잃으면서 누구보다도 더 많이 이바지했지만, '노릴스크 금속인들'에 대한 기념 행보와 달리 공식적 차원에서 정치 박해 희생자들에 대한 기억 활동은 소비에트 시대에나 현재에도 충분한 관심과 지원을 받지 못하고 있다. 확실히, "강제 노역과 집단 수용소의 조직 체계"는 "노릴스크시가 은폐하려는 중요한 역사의 한 부분이다."[6]

이와 함께 최근 노릴스크에서 두드러지게 나타나는 특별한 사회·문화적 현상 가운데 한 가지는 현재 노릴스크 거주자 중에 가능하다면 북극의 고립된 '섬'에서 어떻게든 벗어나 '육지(Materik)'로 이주하고 싶다고 밝히는 사람이 상당히 많다는 점이다. 사실, 노릴스크에는 계속해서 머무느냐 아니면 떠나느냐는 문제를 두고 고심하는 사람이 세대와 계층을 가리지 않고 폭넓게 존재하는데, 이주 욕망이 특히 강하게 감지되는 세대는 바로 20대 청년들이다. 젊은 세대는 한편으로 자신들의 부모 등 기성세대와 달리 정보통신(IT) 기술에 익숙해서 바깥세상과의 접촉도 그만큼 다양하고 활발하여 악명 높은 북극 추위와 어둠 속에서도 '정상적인 도시 생활'을 충분히 영위할 수 있다.(Troianovski 2019) 그러나 다른 한편으로 이들 중에는 영구동토의 북극 도시에서 우울하고 단조로운 일상생활을 견딜 수 없을 것 같아 언젠가는 어떻게든 이곳에서 벗어나고 싶다고 말하는 사람이 적지 않다. 흥미롭게도 이러한 탈주 욕망과 이주 계획은 최근 몇 년 사이에 "진정한 북극 도시"(Shiklomanov and Laruelle 2017)의 사회·경제적, 역사·문화적 상황을 집중적으로 조명한 러시아 국내외 극영화와 다큐멘터리 영화들에서도 중요한 주제 가운데 하나로 부상했다.

실제로, 최근 몇 년간 러시아 국내외에서 노릴스크를 본격적으로 다룬 극영화와 다큐멘터리 영화 4편이 연이어 나왔다.[7] 이는 무엇보다도 포스트소비에트 시대 러시아 북극의 시각적 재현에서 볼 때 분명히 이례적인 현상이다. 더욱이 이들 영화는 바로 정주와 이주 사이에서 갈등하거나 주저하는 노릴스크 사람들의 사회적 현실 문제를 중요한 공통 주제 가운데 하나로 다루고 있어 각별한 의미가 있다. 이와 관련하여 러시아 북극 모노타운을 대표하는 노릴스크의 도시 이미지와 정체성도 이들 영화에서 다양한 방식으로 조명되고 있다. 그러나 오늘날 러시아 북극권 개발과 지역사회 변화를 둘러싸고 활발하게 진행되는 학술 논의에서도, 최근 들어 눈에 띄게 늘고 있는 북극의 시각적 재현에 관한 영화 담론에서도 노릴스크를 다룬 이들 영화는 아직 충분히 연구되지 않고 있다. 이러한 상황에 주목하면서 본 논문은 최근 북극의 시각적 재현 역사에서 중요한 일부를 형성하는 극영화 『희망 공장』에서 '절망의 풍경'으로 규정할 수 있는 노릴스크의 북극 이미지와 도시 정체성이 어떻게 구성돼 있고 그 안에 어떤 사회·문화적 의미가 담겨 있는지를 본격적으로 분석한다.

Ⅱ. 『희망 공장』: '북극 영화'와 노릴스크

2014년에 나온 나탈리야 메샤니노바의 영화 『희망 공장』은 감독 개인의 창작 활동에서만 아니라, 러시아 영화사와 북극의 시각적 재현 역사에서도 매우 특별한 의미가 있다. 첫째, 『희망 공장』은 메샤니노바가 처음 만든 장편 극영화인데, 그녀는 바로 이 데뷔작을 통해 2010년대 러시아 영화계에서 새로운 경향으로 떠오른 '뉴웨이브 여성 영화'를 대표하는 감독 가운데 한 사람으로 인정받았다.(Chefranova 2017) 이에 앞서 메샤니노바는 2010년 러시아 '제1채널' TV 시리즈 『학교』(Shkola)의 공동 감독으로 활동했고 다큐멘터리 영화 『프세브데시와 시뮬라크르』(Vsevdezh i simuliakry)를 만들었다. 이와 함께 그녀는 다큐멘터리 영화감독으로 잘 알려진 마리나 라즈베즈키나(Marina Razvezhkina)가 주도하는 다큐영화 프로젝트 '노동자(Rabochii)'에 참여했다. 특히 이 시기에 그녀가 다큐영화 제작에서 쌓은 경험과 영화 촬영차 방문한 노릴스크에서 받은 인상은 장편 극영화 데뷔작인 『희망 공장』을 만들 때 의식·무의식적으로 일정한 영향을 미쳤을 것으로 보인다. 가령, 『희망 공장』이 시작할 때 등장인물들이 노릴스크의 구도심과 신도심 사이에 있는 '돌고예' 호숫가 온열관 주변에서 '셀카'를 찍는 장면은 마치 다큐영화를 촬영하는 것 같다는 인상을 자아낸다.

둘째, 『희망 공장』은 국제영화제에만 진출했을 뿐 러시아 국내에서는 일반 극장 상영이 금지되어 인터넷 스트리밍 사이트와 웹 기반 미디어, 영화 전문 블로그 등 새로운 미디어 환경을 통해 유포됐다.(Chefranova 2017)[8] 메샤니노바의 영화에서는 노릴스크에 사는 10대 후반 20대 초중반 젊은이들로 이뤄진 등장인물들이 처음부터 끝까지 영화 서사 전체에 걸쳐 온갖 욕설과 비속어를 퍼붓는 것은 물론이고 친구 환송연이나 생일 파티에서든 피크닉에서든, 사우나에서든 모이기만 하면 보드카와 맥주 등으로 술판을 벌이고 줄담배를 피운다. 심지어는 차 안에서 마리화나를 몰래 피우기도 한다. 바로 이런 장면을 담고 있는 영화를 사회적으로 해롭다는 이유로 상영 금지하는 법안이 2013년 러시아 국가두마(의회)에서 통과되어 2014년부터 발효되면서 『희망 공장』은 러시아 국내 개봉 길이 가로막혔다.(Сулькин 2014) 설사 법적 규제에 묶이지 않았다고 해도 젊은이들의 무분별한 행동에서 보이는 『희망 공장』의 암울하고 절망적인 분위기는 그렇잖아도 수많은 사람의 희생으로 건설됐다고 해서 '뼈 위의 도시'로 불리고 있고 세계 최대 오염 도시 중 하나로 오명을 뒤집어쓰고 있는 노릴스크의 부정적 이미지를 더 악화시킨다는 사회적 비판을 면치 못했을 것이다.

셋째, 『희망 공장』은 소비에트 시대부터 포스트소비에트 시대까지 통틀어 북극 모노타운 노릴스크를 다룬 영화가 한 편도 없었다는 점에서 러시아 영화사에서만 아니라 북극의 시각적 재현 역사에서도 매우 특별한 의미가 있다.[9] 물론, 1963년 율리아나 세묘노바(Iuliana Semyonova)의 동명 소설을 각색한 일리야 구린(Il′ia Gurin)의 영화 『임무 수행』(Pri ispolnenii sluzhebnykh obiazannostei)에서 2014년 올레크 쿠바예프(Oleg Kubaev)의 동명 소설을 새롭게 각색한 알렉산드르 멜니크(Aleksandr Mel′nik)의 영화 『영토』(Territoriia)에 이르기까지 노릴스크의 몇몇 장소를 공간적 배경으로 설정한 영화들은 존재한다.[10] 그러나 이들 영화는 노릴스크의 일부 지역을 부분적, 간접적으로 보여주지만, 노릴스크에 관한 이야기를 직접적으로 들려주지는 않는다. 심지어 이들은 노릴스크임을 명시적으로 언급하거나 표시하지도 않는다.

예를 들면, 1937년 스탈린주의 영화 『용감한 7인』(Semero smelykh)에서 북극 탐사에 나선 소련 과학자들의 영웅적 행보를 묘사한 세르게이 게라시모프(Sergei Gerasimov)는 1972년 영화 『인간을 사랑하라』(Liubit′ cheloveka)에서 1950년대 노릴스크 신도심 건설에 적극적으로 참여한 레닌그라드 건축가들에 관한 이야기를 바로 노릴스크에서 일부 찍었다. 하지만 게라시모프는 영화에서 당시 도시 건설에 참여한 건축가들을 간접적으로 상기하기만 할 뿐 그들이 활동을 펼친 도시가 1950년대의 노릴스크임을 구체적, 명시적으로 언급하지도 드러내지도 않는다. 이처럼 『인간을 사랑하라』가 노릴스크의 신도심 건설과 관련돼 있고 노릴스크의 일부 지역을 보여주고 있는데도 영화의 배경이 노릴스크라는 사실을 공개적으로 언급하거나 표시하지도 않은 이유는 어렵지 않게 짐작할 수 있다.

잘 알려졌듯이 노릴스크는 1930년대 스탈린 시대 정치범들을 굴라크에 수용하고 이들을 광산 개발과 도시 건설에 강제 동원했고 1953년 이들이 정치 박해와 강제 노역에 저항하며 일으킨 폭동을 유혈 진압했던 어두운 과거 역사를 간직하고 있었고 소련 시절 내내 폐쇄도시였다. 지금도 외부인은 허가 없이 출입할 수 없는 노릴스크는 소련 시절 북극 개발과 도시 건설이 수많은 사람의 무고한 희생으로 이뤄졌다는 끔찍하고 부끄러운 역사를 되도록 드러내려고 하지 않는다. 이런 점에서 볼 때, 앞서 인용한 마를렌 라뤼엘의 지적에서 알 수 있듯이, 소련 시절 나온 게라시모프의 영화는 극중 배경이 노릴스크임을 공개적으로 드러내기가 분명히 어려웠을 것이다.

이와 달리 메샤니노바의 『희망 공장』은 러시아 영화로는 역사상 처음으로 노릴스크에 관한 이야기를 처음부터 끝까지 노릴스크에서 찍었을 뿐 아니라 이른바 '북극 영화'로서도 사상 처음으로 영구동토 지대에서 가장 큰 규모를 자랑하는 러시아 모노타운을 둘러싼 자연적, 사회적 풍경의 어두운 단면들을 적나라하게 보여줬다. 일반적으로 러시아 '북극 영화'에서는 끝없이 펼쳐진 툰드라의 설원과 여기서 순록을 사육하며 유목생활을 하는 소수 토착민, 석유·가스 같은 천연자원 채굴 현장과 시설, 기상 관측소, 빙하와 북극곰, 오지 마을들을 왕래하는 헬리콥터, 탐험가 등의 요소가 스크린을 장식한다.[11] 그러나 『희망 공장』에서는 '북극 영화'에서 흔히 볼 수 있는 배경이나 풍경 요소들이 잘 보이지 않는다. 그 대신 이 영화는 북극 모노타운 노릴스크의 존재 기반을 형성하는 니켈 제련소 '희망 공장'을 중심으로 펼쳐지는 자연적, 사회적 풍경과 현실의 어두운 측면들을 노골적으로 드러내 보여준다. 요컨대, 『희망 공장』에 나타난 노릴스크의 북극 이미지와 도시 정체성은 이곳이 러시아 북극권 최대 규모의 단일 산업도시로서 안고 있는 특수한 자연 조건과 사회 상황에서 형성된다.

Ⅲ. 노릴스크: 희망에서 절망으로

2010년대 러시아 북극 모노타운 노릴스크를 영화의 주된 배경으로 삼는『희망 공장』에서 공간은 크게 내부(실내)와 외부(야외) 세계로 구분된다. 먼저 내부 세계는 여주인공 스베틀라나(스베타)와 다데즈다(나댜) 등 주요 등장인물들의 집과 방, 이들이 찾는 사우나, '희망 공장'과 의무실, 극장과 문화회관, 공항 청사 등 이런저런 사적, 공적 건물들의 실내로 국한된다. 다음으로 외부 세계는 도시 거리와 주택가, 삭막한 교외 야산과 폐쇄된 스키장, 여기서 내려다보이는 노릴스크 시내와 짙은 매연을 뿜어내는 니켈 제련소 '희망 공장', '돌고예' 호수 등으로 넓게 확장된다. 특히, '돌고예' 호수는 지리적 측면에서 노릴스크의 구도심과 신도심 사이에 놓여 있고 서사적 측면에서『희망 공장』의 시작 부분과 중간 부분, 마지막 부분에 걸쳐 반복적으로 등장하면서 중요한 공간 요소이자 구조적 장치로 기능한다.

여기서 알 수 있듯이,『희망 공장』에서 노릴스크의 북극 이미지는 이런 외부 공간들에서 연출되는 자연적, 사회적 풍경으로 구성된다. 이와 관련하여 지적해야 할 점은『희망 공장』에서 묘사되는 사건과 행위가 모두 겨울철이 아닌 여름철의 현재 시간에서 일어난다는 사실이다. 달리 말하자면, 이러한 시간 설정은 북극의 이미지에서 중요한 자연적 구성 요소 가운데 하나인 설경 또는 설원을 배제함으로써 세계 최대 오염 도시 중 하나인 노릴스크의 부정적 진면모를 고스란히 드러내는 시각적 효과를 낳는다. 만약『희망 공장』에서 시간적 배경이 겨울철로 설정됐다고 한다면, 노릴스크는 온통 눈으로 뒤덮여 있어 설경과 추위 등으로 영구동토의 북극 지역에 일반적인 이미지를 보여줄 수는 있었겠지만, 황폐한 자연과 도시 환경이 빚어내는 노릴스크의 어둡고 음울한 민낯은 하얀 눈의 장막에 묻혀서 구체적으로 드러나지 못했을 것이다. 이런 식으로 메샤니노바는 영구동토의 세계 최대 모노타운을 배경으로 하는『희망 공장』에서 '북극 영화'에 전형적인 풍경 요소를 걷어내고 관객으로 하여금 러시아 북극 산업도시의 어두운 면모와 절망적 상황을 정면으로 응시하게 한다.

『희망 공장』에서 "진정한 북극 도시" 노릴스크를 지배하는 이미지 가운데 하나는 노릴스크 시내와 교외를 막론하고 어디에 있어도 사람들의 시선을 사로잡는 '희망 공장'과 이곳 굴뚝들에서 내뿜는 짙은 매연으로 뒤덮인 도시 풍경이다. 바꿔 말하면, 북극 모노타운 노릴스크의 도시 이미지와 정체성을 구성하는 핵심 공간 요소는 바로 '희망 공장'이라고 할 수 있다. '희망 공장'은 한편으로 노릴스크시의 존재 기반이자 주민들의 생계 원천으로 필수불가결한 부분이지만, 다른 한편으로 심각한 오염원으로 도시 환경과 주민 건강을 끊임없이 위협한다. 이와 관련하여 영화에서 흥미로운 장면이 존재한다. 여주인공 스베타는 집 안에서 담배를 피우다가 아버지의 눈에 띈다. 이때 아버지는 그녀에게 다가와서 담뱃불을 끄라고 말하기보다는 "공기가 필요하다"고 말하면서 창문을 열어준다. 이런 아버지에게 스베타는 "아염소산 공기요? 아황산염 공기요"라고 냉소적으로 말한다. 이처럼 생계의 원천인 동시에 생명의 위협이 되는 모순적, 역설적 상황은 돈을 벌려고 노릴스크에 와서 '희망 공장'에서 일하면서 유해물질에 노출돼 각종 질병을 앓다 건강을 잃고 이곳을 떠나는 사람이 적지 않다는 데서도 드러난다.

노릴스크에서 기대한 삶의 '희망'이 '절망'으로 바뀌는 역설적 상황은 매춘으로 생계를 이어가는 나댜에게 돈을 주고 그녀와 성관계를 갖곤 하는 '희망 공장'

노동자 유리가 건강이 매우 나빠져 더는 일을 할 수 없다는 의사의 판정을 받고 가족이 있는 러시아 남부 도시 보로네시로 돌아가야 하는 이야기를 통해 암시된다. 이와 관련하여 메샤니노바가 자신의 영화 제목을 니켈 제련소 '희망 공장'에서 그대로 따온 것도, 여러 남자를 상대하다 결국 성병에 걸려 고생하다 유리의 조언대로 더 나은 삶을 찾아 노릴스크를 떠나 크라스노야르스크로 이주하려다가 결국 '돌고예' 호수에 빠져 익사하는 나데즈다(나댜)의 이름을 공장 이름과 똑같이 지은 것도 노릴스크의 절망적 현실을 역설적으로 강조하려고 했던 데서 찾을 수 있다. 메샤니노바가 러시아 일간 신문 '모스콥스키 콤소몰레츠'와 한 인터뷰에서 영화 속 노릴스크를 '지옥'으로 표현한 이유도 바로 여기에서 나온다.[12]

앞서 지적했듯이, 『희망 공장』에서는 노릴스크의 북극 이미지와 도시 정체성이 니켈 제련소 '희망 공장'을 배경으로 펼쳐지는 어둡고 암울한 자연적, 사회적 풍경과 절망적 현실로 구성되고 강조된다. 흥미롭게도 영화에서 그러한 풍경과 현실은 노릴스크와 더 나아가 러시아 전체의 미래 '희망'으로 기대할 수 있는 젊은이들의 타락하고 무분별한 행태를 중심으로 가장 잘 드러난다. 이미 설명한 것처럼, 여주인공 스베타와 그녀의 오빠 료샤, 이들의 친구들은 영화 첫 장면부터 마지막까지 환송 파티든 생일 파티든, 소풍이든 어떤 계기로든 한데 모일 때마다 음주와 흡연에 몰두하고 욕설이 난무한다. 흥미롭게도 이런 장면이 나올 때는 유해물질이 함유된 매연을 내뿜고 있는 '희망 공장'의 굴뚝이나 황량하고 황폐한 산과 들이 모임의 배경 공간으로 제시되면서 노릴스크의 도시와 주민이 자연적으로나 사회적으로도, 육체적으로나 정신적으로도 병들어 피폐해지고 있음이 넌지시 강조된다.

IV. 기억의 거세: 노릴스크의 탈역사성

『희망 공장』에 나타난 도시 공간과 관련한 특징적 양상 가운데 한 가지는 노릴스크의 북극 이미지와 도시 정체성을 표시해 주는 역사적 기억의 공간이나 장소가 '희망 공장' 외에는 영화 속에 전혀 나타나지 않는다는 사실이다. 앞서 지적했듯이, 1930~40년대 굴라크 수감자들과 1950~60년대 '금속인' 개척자, 건축가들은 노릴스크의 생성과 발전 역사에서 중대한 역할을 수행하며 지울 수 없는 발자취를 남겼다. 강제 동원이 되었든 자원봉사가 되었든 이들이 노릴스크에 남긴 유산은 도시 곳곳에서 각기 다른 모습으로 남아 기억되고 있다. 예를 들면, '돌고예' 호숫가에서 가까운 노릴스크 구도심 초입의 슈미트산 기슭에는 굴라크 수감자들로 이뤄진 스탈린 시대 정치 박해 희생자들을 기리는 '노릴스크 골고다' 추모 단지가 1990년 소련 붕괴 직전에 조성되어 현재까지 유지·관리되고 있다. 하지만 메샤니노바의 『희망 공장』에서 '노릴스크 골고다'는 바로 가까이에 있는 '돌고예' 호수와 그 뒤로 보이는 니켈 제련소 '희망 공장'이 영화의 여러 장면에 걸쳐 주요 배경 공간으로 자주 등장하는 것과 매우 대조적으로 영화 서사에서 단 한 번도 보이지 않을 뿐만 아니라 어떤 식으로도 언급조차 되지 않는다.

이 밖에 스탈린 시대 정치 박해 희생자들이 수감되어 강제 노역에 동원됐던 굴라크들이 모여 있던 노릴스크 구도심에는 슈미트산 기슭 주변으로 정치 박해 희생자들을 기억하고 추모하는 장소들이 다양하게 조성돼 있다. 가령, 라트비아와 리투아니아, 에스토니아로 이뤄진 발트해 연안 삼국 출신의 정치 박해 희생자 기념 단지, '스탈린 시대에 노릴스크와 다른 강제 노역 장소들에서 희생된 폴란드인들'을 기리는 추모비, '노릴라크에서 희생된 유대인' 추모비, 일본인 전쟁포로 기념비가 존재한다. 1990년부터 2015년까지 소련 붕괴 전후로 약 25년에 걸쳐 각기 다른 국가와 민족, 종교, 인권단체의 주도로 조성된 이들 장소는 코미공화국의 보르쿠타와 함께 러시아 북극권을 대표하는 '굴라크 타운'이자 '컴퍼니 타운'인 노릴스크를 둘러싼 역사적 기억과 도시 정체성에서 매우 중요한 일부를 형성한다.[13]

그러나 메샤니노바는 '북극 영화'로는 처음으로 노릴스크를 전면에 내세우고 있지만, 『희망 공장』의 영화 서사에서 '굴라크 타운'의 역사적 기억을 구성하는 주요 요소를 철저히 배제한다. 다시 말해 메샤니노바는 악명 높은 '굴라크 타운'과 관련된 '기억의 장소'들을 제거함으로써 노릴스크의 이미지와 정체성에서 '어둠의 역사'를 걷어낸다. 하지만 '굴라크 타운'의 어두운 과거가 드러나지 않는다고 해서 노릴스크를 둘러싼 암울한 현실 상황이 보이지 않는 것은 절대 아니다. 앞서 지적했듯이, 자연환경과 주민 건강을 해치는 '희망 공장'의 역기능으로만 아니라 음주와 흡연, 욕설이 난무하는 청년 세대의 타락상으로도 '컴퍼니 타운'의 현재는 '굴라크 타운'의 과거만큼이나 충분히 어둡고도 암울하기 때문이다.

『희망 공장』에서 노릴스크의 공간과 장소를 둘러싼 탈역사성은 굴라크와 관련된 역사적 기억의 장소들이 영화 서사에서 완전히 배제돼 있다는 사실에만 국한되지 않는다. 잘 알려졌듯이, 노릴스크는 1940년 도시 개발 종합계획이 처음으로 마련되고 2차 세계대전과 스탈린 사망, 니키타 흐루쇼프의 등장 등 역사적, 정치적 격변을 거친 이후 1950년대 중후반에 미래의 러시아 북극권 도시들을 위한 모델 도시로 본격적으로 개발되기 시작했다.[14] 이 과정에서 노릴스크는 현재의 신도심 지역을 중심으로 "건축과 도시 디자인, 건설 기술을 위한 완전한 북극 실험실"(Shiklomanova, Streletskiya, Grebenetsb and Sutera 2019, 278)이 됐고 모스크바와 레닌그라드에서 온 젊은 건축가들의 적극적 참여와 헌신적 노력을 통해 신고전주의와 모더니즘 건축 양식이 결합된 건물들로 현대적 면모를 새롭게 갖추게 됐다. '돌고예' 호수를 기점으로 남쪽에서 북쪽으로 곧게 뻗은 레닌 대로를 가운데 놓고 조성된 신도심은 1950년대 후반부터 현재까지 노릴스크의 행정·금융기관, 쇼핑센터, 숙박시설, 일반주택 등 다양한 성격과 기능의 건물이 밀집해 있다. 특히, '소비에트 모더니티'의 세련된 분위기가 물씬 나는 레닌 대로와 5개 주요 광장 주변에 세워진 신고전주의와 모더니즘 양식의 웅장한 건축물들은 모스크바나 상트페테르부르크 같은 대도시의 주요 거리에서 만나볼 수 있는 메트로폴리스의 위풍당당한 풍모를 자랑한다.

이처럼 1950년대에 개발된 신도심은 노릴스크의 도시 역사에서 중대한 전환점으로 기록됐을 뿐만 아니라 노릴스크의 북극 이미지와 도시 정체성에서도 지금까지 확실한 존재감을 뽐내고 있다. 신도심은 무엇보다도 먼저 영구동토의 북극에서 현대적 건축 기술과 불굴의 인간 의지로 최악의 자연조건을 극복한 소비에트 모더니티의 승리로 평가할 수 있다. 특히 레닌 대로 양쪽으로 길게 늘어선 건물들의 외벽은 노란색과 분홍색, 민트색으로 밝게 칠해져 있어 질서 정연한 신도심 분위기에 화려한 느낌마저 더해준다. 또한, 신도심의 일부 건물 외벽에는 1950~60년대 수도 모스크바를 비롯하여 소련 각지에서 몰려온 콤소몰(공산주의청년동맹) 자원자들이 노릴스크의 건설 현장과 지하 광산, 제련 공장에서 일하며 만들어낸 '금속인'들을 기억하고 찬미하는 모자이크화가 새겨져 있다. 이런 점에서, 신도심은 분명히 굴라크의 어두운 역사로 점철된 구도심과 현격한 대비를 이룬다.

그러나 메샤니노바의 『희망 공장』에서는 노릴스크의 신도심도 구도심과 마찬가지로 거의 드러나지 않는다. 특히 소비에트 모더니티 실현의 영광스러운 역사로 빛나는 화려한 외관의 신도심 중심부는 이 영화의 도시 공간 재현에서 고의적으로 완전히 배제됐다는 인상을 강하게 풍긴다. 신도심은 부분적으로 제시될 때조차도 밝고 산뜻한 이미지와는 정반대로 나타나기 때문이다. 예를 들면, 여주인공 스베타와 그 일행이 상트페테르부르크로 이주하는 코스탸를 위해 '돌고예' 호숫가에서 환송 술판을 벌이고 나서 집으로 돌아가는 길에 차창 밖으로 보이는 신도심 풍경은 변두리 지역에 있는 칙칙하고 낡아빠진 아파트 건물들의 꾀죄죄한 이미지가 지배한다. 심지어 어떤 건물은 텅 빈 채 '유령 도시'처럼 꺼림칙한 몰골로 버려져 있기도 한다. 스베타가 '희망 공장' 안에 있는 의무실에서 자신이 보조하는 의사와 욕설을 주고받으며 심하게 다투고 나서 버스를 타고 집으로 돌아갈 때 차창 밖으로 보이는 신도심 거리 풍경도 비까지 내리는 흐린 날씨 탓에 단조롭고 우중충한 느낌이 압도한다. 이런 식으로 『희망 공장』에서 산뜻하고 세련된 신도심 중심부를 배제하고 황폐하고 삭막한 주변부를 부각하는 것은 전반적으로 노릴스크의 자연적, 사회적 풍경을 의도적으로 더 어둡게 하는 효과를 배가한다고 볼 수 있다.

이와 관련하여 매우 아이러니한 점은 1950~60년대 같은 노릴스크의 영광스러운 역사와 다채로운 도시 풍경이 신도심 중심부를 형성하는 레닌 대로와 주요 광장의 현재 이미지를 통해 직접적, 명시적으로 표현되지 않고 기록 영상 속의 겨울 이미지와 함께 노래 가사를 통해 간접적, 암시적으로 전달되고 있을 뿐이라는 사실이다. 이러한 양상은 노릴스크시와 노르니켈사가 '금속인의 날'

을 맞아 개최한 기념행사에서 "우리 도시의 애국자들"로 표현되는 청년 공연단이 흥겹게 부르는 밝은 노래 가사에 담긴 노릴스크의 '동화 같은 북극 풍경'으로 표현된다. 이들이 부르는 노래 가사는 이렇다. "눈과 바람이 창문을 때리고 등불이 켜진다. 사랑과 우정의 북극 도시가 꽃핀다. 불빛과 눈과 창유리에 낀 서리 속에서 노릴스크는 동화의 도시, 설원의 도시로 변한다."

이때 공연단 뒤로 설치된 스크린에서는 먼저 '금속인의 날'을 알리는 말과 함께 노릴스크 신도심 중심부에 서 있는 산뜻한 건물 사진이 제시되고 이어서 노래 가사에 맞춰 온통 눈으로 뒤덮인 노릴스크의 반짝이는 겨울 야경이 펼쳐진다. 이처럼 『희망 공장』에서 북극 도시의 낭만적이고 이상적인 시대와 풍경은 오직 노래 가사와 사진 속에서만 존재할 뿐 영화 서사의 현재 속에서는 전혀 나타나지 않는다. 특히 주목할 점은 흰 눈과 불빛에 반짝이는 과거 노릴스크의 낭만적 이미지가 제시된 직후 바로 다음 장면에서 현재 노릴스크를 지배하는 삭막한 이미지의 반동화적, 반목가적 풍경이 파노라마처럼 펼쳐진다. 이런 식으로 노릴스크의 북극 이미지와 도시 정체성을 둘러싸고 과거와 현재, 이상과 현실 사이에 현격한 대비 구도가 자연스럽게 형성된다.

V. 정주와 이주 사이

북서부 무르만스크에서 북동부 추콧카까지 러시아 북극권 주요 도시들에서 최근 들어 공통으로 나타나는 사회 현상 가운데 한 가지는 이들 도시에서 이주가 활발하게 이뤄지고 있는 가운데 인구 유출도 심각하다는 것이다. 러시아 북극권 최대 단일 산업도시(모노타운)로 손꼽히는 노릴스크도 인구 유출과 이주 현상에서 예외가 아니다. 하지만 노릴스크는 다른 북극권 도시들과 대조적으로 인구 유출로 인한 주민 수 감소가 격심하지 않아 현재 18만 명 이상의 인구를 유지하고 있다. 이는 노릴스크 주민의 생계와 생존을 책임지는 노르니켈의 광산과 공장들이 여전히 잘 가동되고 있는 가운데 필요한 노동력을 외부에서 계속해서 유인하고 있는 덕분이다. 특히 소련 붕괴 이후 노르니켈에서 일자리를 찾아 노릴스크로 오는 이주자 중 상당수는 우즈베키스탄이나 타지키스탄, 아제르바이잔 등 중앙아시아 출신 이주노동자들이 차지한다. 노릴스크의 인구 감소 속도가 다른 북극권 도시들보다 상대적으로 느린 것도 바로 중앙아 이주노동자의 대량 유입에 힘입은 바 크다.

이러한 중앙아 출신 노동력은 한편으로 노릴스크의 지속 가능한 발전에 기여하고 다른 한편으로 이곳의 북극 이미지와 도시 정체성에서 새로운 구성 요소로서 뚜렷한 존재감을 드러낸다.[15] 다시 말해 이들의 유입은 저렴한 노동력을 필요로 하는 노르니켈사의 노동 수요에 부응하는 동시에 노릴스크시의 인구 감소 둔화에도 중요한 일부로 참여한다. 이와 함께 중앙아 노동자들이 노릴스크에 대량으로 유입되면서 이슬람 공동체가 형성되고 자연스럽게 이슬람 문화도 확산하고 있다.(Hohman and Laruelle 2019, 1−11) 예를 들어 노릴스크의 북극 이미지를 구성하는 종교적 풍경에서는 러시아 정교회 건축물들과 함께 이슬람 사원도 당당하게 한 자리를 차지한다. 이런 점에서 1998년 개원하여 세계 최북단 이슬람 사원으로 기네스북에 등재된 '누르트−카말' 사원은 노릴스크에서 중앙아 출신 이주자들의 구심점으로 기능할 뿐만 아니라 북극 도시 이미지와 정체성 구성에서도 특별한 위치를 차지한다.

그러나 『희망 공장』에서는 여주인공 스베타가 택시를 잡아서 타고 집으로 돌아가는 장면을 통해 '누르트-카말' 사원이 잠깐 등장할 뿐 영화 서사 어디에서도 중앙아 출신 이주노동자는 존재하지 않는다. 이와 함께 메샤니노바의 영화에서는 노릴스크에 거주하는 북극 소수 토착민들의 존재도 전혀 드러나지 않는다. 바꾸어 말하자면, 『희망 공장』에서 그녀의 주된 관심 대상은 노릴스크의 북극 이미지와 도시 정체성에서 중요한 일부를 형성하는 중앙아 출신 이주노동자도 북극 소수 토착민도 아니다. 또 이들을 중심으로 한 노릴스크의 인구 구성과 이주 흐름도 그녀의 관심권 밖에 있다. 이 영화에서 그녀에게 중요한 문제는 바로 오늘날 노릴스크에 사는 러시아인 젊은이들의 사회적 삶을 둘러싼 암울한 전망이다. 북극 산업도시 노릴스크에서 소수 토착민 문제도 이주노동자 문제도 메샤니노바의 관심을 끌지 못하는 이유가 여기에 있다.

그러나 스베타나 나댜, 코스탸 등 『희망 공장』에 등장하는 러시아인 젊은이들에게도 이주는 매우 중요한 문제이다. 게다가, 이들에게 이주는 단순히 노릴스크에서 다른 지역으로 떠나는 것에 머물지 않고 미래 전망이 '희망 공장'의 굴뚝에서 뿜어져 나오는 희뿌연 연기처럼 불투명하거나 심지어는 암울하기조차 한 노릴스크의 삶에서 벗어나는 '탈주'와도 같다. 앞서 지적했듯이, 영화 속에서 스베타와 그녀의 오빠, 친구들은 함께 모일 때마다 대부분 음주와 흡연, 욕설이 난무하는 시간을 보내는 것으로 제시된다. 다시 말해 이들은 건전하고 건설적인 모습을 보이는 경우가 한 번도 없다. 예를 들면, 함께 모여 환경 정화를 위한 봉사활동에 참여한다든지 하는 모습 대신에 오염으로 파괴된 산으로 놀러 가서 흥청망청 술판을 벌이는 모습을 보여준다. 흥미롭게도 노르니켈사의 '희망 공장' 내 의무실에서 의사 보조원으로 일하는 스베타를 제외하면 영화에서 변변한 일자리가 있는 것으로 묘사되는 인물은 거의 존재하지 않는다. 이미 언급한 것처럼, 나댜는 병약한 늙은 아버지와 함께 살면서 매춘으로 생계를 이어간다. 그녀는 심지어 친구들을 상대로도 매춘을 한다. 이런 면에서 볼 때 이들은 1950년대 노릴스크 신도심 건설 과정에서 러시아 각지에서 자원봉사자로 달려와 헌신적이고 건설적인 노력을 보여준 콤소몰 청년 대원들과 정반대 이미지를 보여준다고 할 수 있다.

한편, 『희망 공장』의 등장인물들에게서 엿보이는 이주 욕망은 노릴스크에서 함께 살다가 사고로 다리를 심하게 다치고 나서 러시아 남부 지방으로 이주한 남자친구를 찾아 떠나려는 여주인공 스베타에게서 가장 뚜렷하게 나타난다. 이와 관련하여 특히 주목할 점은 스베타가 자신의 18세 생일에 아버지에게서 아파트 열쇠를 선물로 받았고 따라서 자신만의 공간에서 자유롭고 독립적인 생활을 마음껏 영위할 수 있게 됐음에도 어떻게 해서든지 노릴스크를 떠나려고 하고 영화 마지막 장면에서 마침내 어디론가 떠나는 '탈주'를 결행한다는 사실이다. 스베타가 노릴스크와 가족의 품에서 한사코 벗어나려고 하는 것은 자신을 둘러싼 사회적 고립과 소외의 이중 상황에서 탈출하고자 하는 시도로 해석할 수 있다. 첫째, 오늘날 스베타 같은 젊은이가 노릴스크에 남아 아버지가 선물로 준 아파트에 들어가 산다는 것은, 2017년에 나온 노릴스크 다큐영화 『니켈의 달에서』에서 한 젊은 여성이 정곡을 찌르듯이 말한 것처럼, 탈출구 없는 '새장 속에 갇히는 것'과 다름없이 단조로운 일상생활의 쳇바퀴를 끝없이 도는 것과 마찬가지이다. 둘째, 스베타는 친오빠와 남자친구를 비롯하여 친한 사람 모두가 매춘으로 살아가는 나댜만 좋아한다고 생각하고 그들을 점점 멀리함으로써 스스로 소외된다. 특히 스베타는 나댜가 자신의 남자친구를 다치게 했고 자신의 주변 사람들까지 빼앗아 가고 있다고 생각하면서 자신에게 닥친 불행의 원인이 모두 나댜에게 있다고 보고 그녀를 증오한다. 결국, 아이러니하게도 스베타는 바로 자신이 태어난 날에 '돌고예' 호수에서 나댜를 물속으로 밀어 넣어 죽게 한다. 이런 식으로 나댜가 죽음으로써 그녀의 이름이 상징하는 '희망'의 불씨도 사라진다.

'돌고예' 호수에서 일어난 나댜의 죽음과 관련하여 주목해야 할 점은 이 장면이 영화 초반부에서 등장인물들이 호숫가에 모여 술판을 벌이는 장면과 주제 구조상 매우 비슷하다는 사실이다. 초반부 장면은 노릴스크에서 상트페테르부르크로 떠나는 코스탸를 위한 송별회였고, 후반부 장면은 '희망 공장' 노동자 유리의 조언과 도움으로 노릴스크에서 크라스노야르스크로 떠나는 나댜를 위한 송별회였다. 그러나 두 송별회는 비슷하면서도 다르다. 먼저, 비슷한 점은 송별회가 '돌고예' 호숫가에서 요란한 술판으로 이뤄졌다는 것이다. 다음으로, 다른 점은 첫 번째 송별회의 주인공인 코스탸가 예정대로 상트페테르부르크로 떠난 반면에 두 번째 송별회의 주인공인 나댜는 스베타 때문에 물에 빠져 죽어 떠나지 못했다는 것이다. 그러나 두 장면은 결국 나댜를 익사하게 한 스베타가 마치 죽은 나댜를 대신하기라도 하듯이 어딘가로 떠남으로써 이주의 주제로 긴밀하게 연결되어 『희망 공장』의 영화 서사 전체에 걸쳐 중요한 구조적 기능을 수행한다. 영화 마지막에서 스베타는 마침내 노릴스크에서 떠나는 것으로 암시되고 있지만, 어디로 향하든지 간에 그녀의 탈주는 실패의 운명을 절대 피할 수 없다. 스베타의 앞길에는 나댜에 대한 질투와 원한, 피해 의식과 책임 전가에서 비롯된 죽음의 그림자가 불길하게 도사리고 있기 때문이다.

Ⅵ. 결론

최근 러시아 영화에서는 지방 도시가 주요 배경으로 등장하는 경우를 자주 볼 수 있다. 예를 들면, 아이누르 아스카로프(Ainur Askarov) 감독의 『우파로부터 사랑과 함께』(S liubov'iu iz Ufy, 2017)에서는 바시코르토스탄공화국의 수도 우파가 나온다. 또 알렉세이 누즈니(Aleksei Nuzhnyi) 감독의 『나는 다이어트 중』(Ia khudeiu, 2018)에서는 볼가강 연안 도시 니즈니 노브고로드가 등장하고, 일리야 악쇼노프(Il'ia Aksyonov) 감독의 『세상의 끝으로』(Na krai sveta, 2018)에서는 극동의 수도 블라디보스토크가 주요 무대로 설정돼 있다. 그러나 지방 도시가 러시아 영화의 스크린을 최근 들어서 자주 장식하고 있다고 해도 영구동토의 북극 오지 도시가 영화 서사의 핵심 무대로 제시되는 사례는 거의 없다. 바로 이런 점에서 볼 때도 메샤니노바의 『희망 공장』은 오늘날 러시아 영화계에서 분명히 매우 이례적인 현상이라고 할 수 있다.

이상에서 살펴봤듯이, 『희망 공장』은 러시아 북극 오지의 모노타운을 러시아 영화계 사상 최초로 영화 서사의 전면에 배치했다는 점에서 아주 특별한 의미가 있다. 이와 동시에 『희망 공장』은 이른바 '북극 영화'로서도 소비에트 시절에서 포스트소비에트 시대 최근까지 통틀어 가장 주목할 만한 영화이다. 이 영화는 무엇보다도 영구동토의 단일 산업도시에 사는 청년들의 삶을 둘러싼 암울한 사회적 풍경을 집중적으로 조명함으로써, 블라디미르 푸틴 대통령의 러시아 정부가 특히 2010년대에 들어와서 활발하게 추진하고 있는 북극 개발 계획의 장밋빛 전망에 어두운 그림자를 던진다. 바꾸어 말하자면, 러시아 북극권 개발과 지역사회의 지속 가능한 발전 전망에서 볼 때, 『희망 공장』에서 보이는 노릴스크의 북극 이미지와 도시 정체성은 '희망'보다는 '절망'의 분위기가 압도한다. 이와 관련하여 소비에트 시대의 스탈린주의 영화에서 형성된 이른바 '북극 신화'의 측면에서 볼 때, 『희망 공장』에서 노릴스크로 대표되는 북극은 '탈신화적' 공간이다. 따라서 메샤니노바의 영화는 2010년에 나온 알렉세이 포포그렙스키의 『나는 이번 여름을 어떻게 보냈는가』, 2014년에 나온 안드레이 즈뱌긴체프의 『리바이어던』과 함께, 1930년대 스탈린주의 시대에 탄생한 '붉은 북극'(Red Arctic) 신화를 해체하는 작업에 동참한 것으로 평가할 수 있다.

참고문헌

라승도. 2019. "해체의 풍경: 현대 러시아 영화와 북극의 시각적 재현."『국제지역연구』, 제23권 제3호, 211-228.

호만, 소비 & 마를렌 라뤼엘. 2016. "러시아 북극 도시 '노릴스크'의 고통스러운 운명."『르몽드디플로마티크』, No. 8, 21-22.

Barenbeg, Alan. 2014. Gulag Town, Company Town: Forced Labor and Its Legacy in Vorkuta. New Haven: Yale University Press.

Chefranova, Oksana. 2017. "Toward Poetics of Authenticity. The Hope Factory and the New Wave of Russian Women Filmmakers. A Conversation with Natalia Meshchaninova." Apparatus: Film, Media and Digital Cultures of Central and Eastern Europe, No. 4. http://www.apparatusjournal.net/index.php/apparatus/article/view/71

Foy, Henry. 2018. "Polluter Norilsk Nickel Forced to Clean up Its Act." Financial Times, https://www.ft.com/content/33c5a794-47c6-11e8-8ee8-cae73aab7ccb (검색일: 2020.07.30)

Hohman, Sophie and Marlene Laruelle. 2019. "Polar Islam: Muslim Communities in Russia's Arctic Cities." Problems of Post-Communism, Vol. 66, No. 4, 1-11.

https://ru.wikipedia.org/wiki/norilsk (검색일: 2020.07.30)

Jull, Matthew. 2019. "The Improbable City: Adaptations of an Arctic Metropolis." Polar Geography, Vol. 40, No. 4, 291-305.

Kaganovsky, Lilya, Scott MacKenzie & Anna Westerstahl Stenport. 2019. Arctic Cinemas and the Documentary Ethos. Bloomington: Idiana University Press.

Laruelle, Marlene. 2019. "Biography of a Polar City: Population Flows and Urban Identity in Norilsk." Polar Geography, Vol. 40, No. 4, 306-323.

MacKenzie, Scott & Anna Westerstahl Stenport. 2015. Films on Ice: Cinemas of the Arctic. Edinburgh: Edinburgh University Press.

Meier, Andrew. 2005. Black Earth: A Journey Through Russia After the Fall. New York: W. W. Norton & Company.

"Mining and Metallurgical Company Norilsk Nickel." https://www.nornickel.com/upload/iblock/745/12M_2019_IFRS_Consolidation_Eng_USD.pdf

Shiklomanova, Nikolay I., and Marlene Laruelle. 2017. "A Truly Arctic City: An Introduction to the Special Issue on the City of Norilsk, Russia." Polar Geography, Vol. 40, No. 4, 251-256.

Shiklomanova, Nikolay I., Dmitry A. Streletskiya, Valery I. Grebenetsb, and Luis Sutera. 2019. "Conquering the Permafrost: Urban Infrastructure Development in Norilsk, Russia." Polar Geography, Vol. 40, No. 4, 273-290.

Sukhanin, Sergey. 2019. "Could the 'Norilsk Disaster' Be the Harbinger of a Looming Catastrophe in the Russian Arctic?" https://jamestown.org/program/could-the-norilsk-disaster-be-the-harbinger-of-a-looming-catastrophe-in-the-russian-arctic-part-one/ (검색일: 2020.07.20.)

Troianovski, Anton. "On 'Island' in Russian Arctic, Arrival of Fast Internet Shakes Political Calm." New York Times (2019.10.20) https://www.nytimes.com/2019/10/20/world/europe/russia-internet-norilsk-youtube-arctic.html (검색일: 2020.07.20.)

Норникель. 2016. Трансформация для эффективности. Норильск.

"Норильск на экране." https://gazetazp.ru/news/gorod/9275-norilsk-na-bolshom-ekrane.html (검색일: 2020.06.15.)

"Побег из Норильска в Роттердам." https://www.mk.ru/culture/cinema/interview/2014/01/13/969362-pobeg-iz-norilska-v-rotterdam.html (검색일: 2020.08.30.)

Сулькин, Олег. 2014. "《Комбинат 《Надежда》》: никаких надежд на прокат, https://www.golos-ameriki.ru/a/natalia-meshaninova-russia-art-and-censorship/2412773.html (검색일: 2020.6.15.)

Шайхова, Анастасия. 2019. "Работа, от которой всегда тепло." https://www.krsk.kp.ru/daily/27157.5/4255629/ (검색일: 2020.07.20.)

미주

* 이 글은 한국외국어대학교 국제지역연구센터 학술지 『국제지역연구』 제24권 제4호에 게재된 논문 「절망의 풍경: 『희망 공장』에 나타난 노릴스크의 북극 이미지와 도시 정체성」을 수정한 것임.

1 노르니켈의 역사적 기원은 80년 전인 1935년 소련 정부의 노릴스크 콤비나트(Norilsk kombinat) 설립 당시까지 거슬러 올라간다. 노르니켈의 현재 명칭은 소련 붕괴 직후인 1993년 주식회사로 탄생한 '노릴스크 니켈'이 2016년 기업 로고와 브랜드명을 바꾼 데서 나왔다. "Норильский никель' изменил название и логотип," https://ria.ru/20160714/1466086626.html (검색일: 2020.07.30) 한편, 노르니켈은 소련 붕괴 이후 보리스 옐친 대통령 당시 국영 기업의 사유화 과정에서 '올리가르흐'로 불리는 신흥재벌 블라디미르 포타닌의 지배 아래 놓였다.

2 https://ru.wikipedia.org/wiki/norilsk (검색일: 2020.07.30)

3 "Mining and Metallurgical Company Norilsk Nickel." https://www.nornickel.com/upload/iblock/745/12M_2019_IFRS_Consolidation_Eng_USD.pdf

4 노르니켈은 매년 167만 톤의 이산화황을 대기 속으로 뿜어내고 있는 것으로 평가되고 있다. (Foy 2018)

5 노릴스크에서 발생하는 환경오염과 파괴의 심각성은 2020년 5월 29일 노르니켈이 운영하는 노릴스크 인근 발전소의 연료 탱크가 무너지면서 기름이 대량으로 유출되어 하천을 오염시킨 사고에서도 다시 한번 확인됐다. 이번 사태는 블라디미르 푸틴 러시아 대통령이 국가비상사태를 선포할 정도로 심각한 북극 환경 파괴로 발전할 수도 있었다. 다행히 러시아 연방정부가 총력 대응에 나서면서 기름 유출 사고가 가까스로 수습됐지만, 이번 사고는 특히 기후변화가 노릴스크의 북극 인프라에 영향을 미쳐 앞으로도 환경 재앙이 발생할 수 있음을 보여줬다. (Sukhanin 2020)

6 이와 관련하여 마를렌 라뤼엘은 다음과 같이 좀 더 구체적으로 밝히고 있다. "지독한 기억상실증을 앓고 있는 듯한 당국은 1990년 '골고다(Golgotha)'라는 별명의 초라한 추모관 하나를 세웠을 뿐이다. 각 종교 단체와 국가 기관은 콤비나트 지원금으로 작은 추모관을 하나씩 세웠다. 그러나 여기에 시 의회의 재정 지원은 없었다. 노릴스크 니켈 그룹의 인터넷 홈페이지 '역사' 탭에도 수용소에 대한 언급은 전혀 없다. 2015년 열렸던 50주년 기념식도 강제노역에 대해서는 침묵했다. 기념식에 유일하게 설치된 기념패는 기술자들과 지질학자들을 태우고 1935년 처음으로 도착한 '스파르타크' 선박을 기념하기 위한 것이었다."(호만 & 라뤼엘 2016, 20)

7 2014년 영화 『희망 공장』(Kombinat 'Nadezhda')에서 나탈리야 메샤니노바(Nataliia Meshchaninova)가 러시아 극영화로는 처음으로 북극 도시 노릴스크를 본격적으로 조명한 이후 2017년 프랑수아 제이콥(François Jacob)의 캐나다 다큐멘터리 영화 『니켈의 달에서』(A Moon of Nickel and Ice), 2018년 프랜시스-하비에르 데스토르스(François-Xavier Destors)의 프랑스 다큐멘터리 영화 『노릴스크, 영혼의 융해』(Norilsk, L'étreinte de glace), 2020년 율리야 비시네베츠카야(Iuliia Vishnevetskaia)와 막심 파호모프(Maksim Pakhomov)의 러시아 다큐멘터리 영화 『노릴스크. 유인도』(Norilsk. Obitaemyi ostrov)가 잇달아

출시됐다.

8 2014년 1월 24일 네덜란드 로테르담국제영화제에서 첫선을 보인 이후 곧이어 스웨덴과 리투아니아, 체코, 브라질, 폴란드에서 열린 국제영화제에 진출했다. 게다가 『희망 공장』은 러시아 영화평론가조합에서 2014년 최우수 데뷔작으로 평가받았지만, 러시아 국내 상영관 개봉은 끝내 이뤄지지 못했다.

9 러시아 '북극 영화'를 포함한 북극의 시각적 재현을 다룬 최신 연구로는 MacKenzie & Stenport 2015와 Kaganovsky, MacKenzie & Stenport 2019를 참고하기 바람.

10 "Норильск на экране," https://gazetazp.ru/news/gorod/9275-norilsk-na-bolshom-ekrane.html (검색일: 2020.06.15.)

11 이른바 러시아 '북극 영화'는 러시아 정부가 북극에 깊은 관심을 보이기 시작했던 2010년대에 집중적으로 쏟아져 나왔다. 극영화에만 국한하여 소개하면, 2010년 포스트소비에트 시대 러시아 최초의 '북극 영화'로 알렉세이 포포그렙스키(Aleksei Popogrebskii)의 2010년 영화 『나는 이번 여름을 어떻게 보냈나』(Kakia provel etim letom)가 나왔다. 이후 2014년 안드레이 즈뱌긴체프(Andrei Zviagintsev)의 『리바이어던』(Leviafan)과 나탈리야 메샤니노바의 『희망 공장』, 블라디미르 투마예프(Vladimir Tumaev)의 『하얀 이끼』(Belyi iagel′), 알렉산드르 멜니크의 『영토』가 잇달아 나왔다. 이들 영화는 모두 북극을 배경으로 하며 작품성과 시사성 면에서 뛰어난 작품으로 평가된다. 2015년에는 필립 아브류틴(Filipp Abriutin)의 『로제르스만의 비극』(Tragediia v bukhte Rodzhers)가 나왔고 곧이어 2017년에는 18세기 북극 탐험가 세묜 첼류스킨(Semyon Cheliuskin)의 이야기를 재구성한 영화 『최초의 사람들』(Pervye)이 나와 러시아 영화에서 북극의 시각적 재현 역사를 계속해서 이어갔다. (라승도 2019, 2)

12 "Побег из Норильска в Роттердам," https://www.mk.ru/culture/cinema/interview/2014/01/13/969362-pobeg-iz-norilska-v-rotterdam.html (검색일: 2020.08.30.)

13 러시아 북극권에서 '굴라크 타운'이자 '컴퍼니 타운'인 보르쿠타는 여러 가지 측면에서 노릴스크와 비교 대상이다. 보르쿠타의 북극 이미지와 도시 정체성은 Barenbeg 2014를 참고하기 바람.

14 1950년대 노릴스크 도시 개발 역사와 인프라 구축, 건축학적 특징에 관한 심도 깊은 고찰은 Jull 2019, 291-305에 구체적으로 잘 나타나 있다.

15 노릴스크에서 중앙아시아 이주노동자 유입 등 인구 흐름이 도시 정체성 변화에 미치는 영향은 Laruelle 2019, 306-323을 참고하기 바람.

제2부

러시아 북극 중앙부 지역 개관

제1장

야말로네네츠자치구

1. 역사

야말네네츠자치구에서 '야말(Yamal)'은 네네츠어로 '지구의 끝'을 뜻한다. 네네츠인과 한티인은 오랜 기간 이 지역의 원주민으로 터를 잡고 살아왔다. 이들은 한때 각각 사모예드인과 오스티크인으로 불렸다. 이들에 대한 최초의 기록은 11세기로 거슬러 올라간다. 노브고로드 상인들은 야말 지역을 지나다니면서 무역을 했다. 노브고로드인은 야말의 원주민에 대해 신화적인 이야기를 많이 만들었다. 그곳의 다람쥐들이 비처럼 땅으로 떨어지고, 오비강은 철갑상어의 등을 타고 건널 수 있다는 이야기가 전해지기도 했다.

1592년 표트르 대제는 '위대한 오비강'의 영토를 정복하기 위한 원정을 준비했다. 1595년 코삭 기병 중 하나가 옵도르스크[1]라는 요새를 건설하였다. 북부 지역에 대한 러시아 제국의 정복은 점차 중요성이 더해졌다. 오비강의 북부 원주민과의 강력한 경제적 유대관계를 형성하여, 러시아 권력을 강화했다. 모피를 통한 경제적 수익은 러시아 제국에 경제적 부를 가져왔고, 외국과의 무역을 확대하는 계기가 되었다. 모피, 매머드 뼈, 새 깃털, 자작나무 차가버섯, 보트, 모피 의류, 기타 상품에 대한 광범위한 무역이 발달했다. 이러한 무역은 옵도르스크 박람회가 열리면서 더욱 활발해졌다. 겨울 동안 네네츠인과 한티인이 이 지역에 오면, 토볼스크인, 예니세이인, 아르한겔스크 지방의 상인들이 모여들었다. 거래 화폐는 주로 백여우 가죽이었다.

20세기 초까지, 최대 20만 마리의 생선과 약 5만 마리의 북극여우, 여우, 다람쥐 등의 가죽이 옵도르스크 박람회에서 거래되었다. 이 지역의 인구는 점차 증가했고, 이후 행정 구역에도 변화가 생겼다.

북부 오비강 유역의 경제 상황은 러시아혁명 이후 전쟁 동원과 약탈로 인해 더욱 악화되었다. 우선 러시아혁명으로 권력을 쟁취한 소비에트 당국은 식량 조달과 무역산업을 활성화하기 시작했다. 야르세일, 슈추치예, 슈리슈카리 등의 교역소가 개설되었다. 지역 내 주민의 교육을 위한 조치가 도입되었다. 공공 주택, 학교가 설립되고, 이 지역에 최초의 병원이 신설되었다.

1930년 12월 10일 전 러시아 중앙집행위원회 총재가 '북부 소수민족 정착 지역을 위한 연합조직구성에 관한 결의안'을 채택하였다. 러시아소비에트 연방 사회주의 공화국의 새로운 8개 국가 중 야말(네네츠)구는 옵도르스크 마을을 중심으로 두고 우랄 지역의 일부로 편성되었다. 1933년 옵도르스크 마을을 살레하르트 마을로 개칭하고, 마을 협의회를 개편하였다. 1939년 전 연합인구통계 자료에 따르면 이 지역에는 원주민 15,348명을 포함해 45,734명이 거주했다. 제1차 세계대전 발발 이전까지 이 지역은 어업과 순록 목축에 의존했으며, 모피 산업은 1931년부터 1940년 사이 급격하게 발달했다.

이 지역에 거주민이 증가하면서, 농산물 재배 방식에도 변화가 나타났다. 1931~1932년 야말 지역에는 최초의 항공기가 등장했고, 1937년 옴스크와 항공편이 연결되었다. 한편, 공교육에 대한 관심이 증가하면서, 1940년에는 관내 46개 학교에 4,500명의 학생이 등록했으며, 토착 원주민 출신 어린이들을 위한 기숙학교는 28곳이 운영되었다. 공공 도서관이 설립되었다.

제2차 세계대전이 발발하자 야말 지역 거주민들 중 상당수가 전쟁에 참전했다. 야말에서 보낸 수백 톤의 물고기와 육류가 전선으로 전달되었고, 야말 원주민들은 자기 소유의 순록 600여 마리를 국방 기금에 기부하였다. 전쟁 중 야말의 물고기 생산량은 71만 마리 수준으로 전쟁 전 5년 전보다 70%가 늘었다.

제2차 세계대전이 끝난 후, 국가는 북극의 경제적, 사회적 어려움을 극복하기 위해 비상조치를 취했다. 우선 수산업과 수렵산업의 기술 장비가 강화됐다. 모피 산업이 급속도로 발전했다. 농장에서 은빛 검은 여우, 푸른 여우, 밍크를 사육했다. 그중에서 순록 목축이 가장 수익성이 높은 편이었다. 생산과 기술 전반이 강화되었고, 여러 과학 기술이 도입되었다. 전쟁 후에는 교통과 통신이 급속히 발달하였다. 1949년에 라비트낭기(Labytnangi) 지역에 철도가 개설되었다. 여객선이 강 위를 순항하고, 화물 선단을 보충하고, 대규모 기계화 정박장이 건설되었다. 1964년 이후 고속 항공기 An-24의 정기 항공편이 튜멘, 타좁스키, 타르코살레에 도입되었고, 1968년에 이르러 모스크바와도 연결되었다.

전기, 전화, 우편 등 통신 기술 체계도 급변했다. 1964년 라디오가 지역에 처음 수신되었고, 1968년에 텔레비전이 방송되었다. 지난 세기 60년대에는 문화원 17개, 마을 동아리 39개, 민속극장 2개, 음악학교 3개, 향토전승박물관, 민속예술의 집 등 문화기관의 네트워크가 성장하였다. 64개의 도서관과 100개 이상의 영화관이 생겼다.

2. 지리 · 자연 · 환경

1) 지리

야말로네네츠자치구는 러시아 서시베리아 저지대의 북부에 위치한다. 야말로네네츠자치구의 총면적은 76만 9,250㎢이다. 사하공화국, 크라스노야르스크변강주, 하바롭스크변강주, 이르쿠츠크주에 이어 러시아연방에서 5번째로 넓고, 연방 총면적의 4.5%를 차지한다. 행정중심도시는 살레하르트시이지만 야말로네네츠자치구에서 가장 규모가 큰 도시는 인구 10만 명이 거주하는 노

[그림 1-1] 야말로네네츠자치구 위치 (출처: 위키피디아)

야브리스크시이다.

야말로네네츠자치구의 서부는 우랄산맥 동쪽의 경사면과 이어진다. 야말로네네츠자치구의 북쪽은 북극해와 접하며 영토의 절반 이상이 북극권에 속해 있다. 북부에는 시베리아의 대표적 반도인 야말반도가 있다. 야말반도의 최북단 지점은 북위 73도 30분에 위치하며, 북극권 한계선에서 북쪽으로 800km까지 뻗어 있다. 최북단 야말반도와 북극해의 노바야제믈랴섬 사이에 남카라해가 있다. 동쪽은 크라스노야르스크변강주, 남쪽은 한티만시자치구, 서쪽은 코미공화국과 경계를 맞댄다.

2) 자연 및 환경

영토의 절반 이상이 북극권 경계 북쪽에 위치해 대부분 영구동토층이며, 남부의 삼림 지역을 제외한 4분의 3이 툰드라 지대로 이루어져 있다. 서부 시베리아 저습지가 연속되고 반도의 대부분은 툰드라 지대로 이루어져 있지만, 남부에는 삼림과 툰드라의 중간지대도 있다.

야말로네네츠자치구는 수자원이 풍부하고 다양하다. 주요 하천은 오비강, 나딤강, 타스강, 푸르강 등이며 4만 8천여 개의 강이 있다. 전통적으로 강가에 주거지가 형성되었고 현대에 들어와 도시로 발달했다. 크고 작은 습지는 무수히 많고, 호수는 약 30만 개에 이른다. 유명한 호수로는 야라토, 네이토, 얌부토 등이 있다. 대부분 호수는 길이가 수백 미터 정도 되지만 비교적 큰 것도 있다. 호수들은 주로 10월 말부터 얼기 시작해 여름이 되어야 해빙되는 경우가 대부분이다.

기후는 영구동토층과 카라해, 만, 강, 습지, 호수와 같은 자연 지리적 특성이

[그림 1-2] 야말로네네츠자치구 툰드라 (출처: 위키피디아)

상당한 영향을 준다. 야말로네네츠자치구는 대부분 북극 기후대에 속하며, 북극, 아북극, 서시베리아 타이가라는 3개 기후대로 구성된다. 일반적으로 이 지역의 기후는 긴 겨울(최대 8개월)과 짧은 여름(평균 50일)을 특징으로 한다. 연평균 기온은 영하 10도이며 겨울에는 최저 영하 55도까지 내려가며, 여름 최저기온은 영하 30도이다. 연 강수량은 200~400㎜이나 극지 우랄지방은 600~700㎜ 수준이다. 겨울에는 북극권 지대의 강한 자기폭풍이 발생하며 오로라도 관찰된다.

식생은 툰드라, 삼림-툰드라 중간지대이고 삼림분포도는 21%이다. 지역 대부분이 툰드라 지대이고 남부나 강 인근에는 시베리아 활엽수, 전나무, 삼나무 등이 자란다. 남부의 식물 생장 기간은 80일 정도다. 이런 환경 때문에 토착 원주민은 농사보다는 순록 사육과 수렵, 어업에 종사했다. 토착 원주민의 전통 활동이 공존하여 이어지고 있다. 세계에서 가장 큰 규모인 60만 마리 이상의 순록 무리가 이곳에 서식하며, 이 지역 전체 면적의 10분의 1인 약 800만 헥타르가 특별 보호구역으로 지정되어 있다.[2]

야말로네네츠자치구는 지하자원이 풍부하며, 특히 탄화수소는 생산량과 매장량 면에서 러시아 최대 수준이다. 러시아에는 확인된 매장량 기준으로 석유 742억 배럴(102억 톤), 천연가스 44조m³가 있는데, 야말로네네츠자치구에서 연간 러시아 전체 석유생산량의 10%를 채굴한다. 천연가스는 러시아 전체 생산량의 85~90%를 차지하는데, 이는 전 세계 생산량의 20%에 해당한다. 야말로네네츠자치구의 석유는 노야브리스크시의 홀모고르스크와 수토린스크 매장지에서 주로 채굴된다.

주요 가스 매장지는 얌부르크를 포함, 노비우렌고이, 메드베지예, 빈가푸롭스크, 자폴랴르노예, 굽킨스코예 등이다. 야말반도와 그 앞의 카라해, 즉 야말

[그림 1-3] 자폴랴르노예 가스전 (출처: 위키피디아)

반도와 노바야 제믈랴섬 사이의 바다(남카라해)에 천연가스가 다량 매장된 것으로 알려지면서 개발이 본격적으로 추진되고 있다. 장기 프로젝트 중 하나가 야말반도와 카라해 지대에서 개발되고 있다. 특히 카라해 지대에 있는 가스를 포함한 잠재적 탄화수소 자원은 50조 5천억 입방미터 수준이다. 자치구에는 석유, 가스 등 탄화수소 계열 외에 금, 구리, 아연, 납, 인회토, 석회석 등 광물자원도 적지 않다. 희귀금속인 보크사이트, 몰리브덴도 매장되어 있다.

3. 수로와 교통

야말로네네츠자치구에서는 도로, 철도, 내륙 수로, 항공(교외 및 지자체 간 교통)을 통해 교통이 이루어지고 있다. 도로망 확충은 이 지역의 중요한 사안이다. 러시아 북부 지대의 툰드라 대지를 비롯한 토양 지질은 도로 건설에 적합하지 않다. 또한 영토 면적이 큰 데 비해 인구밀도는 현저히 낮아서 지역 곳곳에 도로를 건설하기는 쉽지 않다. 총 도로의 길이는 약 4,000km이며 그 대부분인 3,200km는 기업에 의해 관리되는 도로이고 나머지는 일반도로이다.

1) 공항

야말로네네츠자치구의 영토에는 7개의 공항이 있으며, 승객, 우편 및 화물을 시·도 및 다른 지역으로 수송한다. 살레하르트, 노비우렌고이, 나딤 및 노야브리스크 공항에는 인공 활주로가 있으며 모든 유형의 항공기를 수용할 수 있다.

[그림 1-4] 노비우렌고이 공항 (출처: 라승도)

[그림 1-5] 살레하르트 공항 (출처: 라승도)

노비우렌고이 공항은 노비우렌고이 도시에서 남서쪽으로 5km 떨어져 있다. 공항에는 하나의 활주로와 헬기장이 있다. 우렌고이 아에로 인베스트(Urengoy Aero Invest LLC) 회사가 운영사이며 정부가 공항을 소유하는 구조이다. 모스크바, 상트페테르부르크, 예카테린부르크, 크라스노야르스크, 튜멘, 우파 등으로 가는 러시아 국내 노선이 운항 중이다.

행정 중심지인 살레하르트의 북부에 살레하르트 공항(Аэропорт Салехард)이 있으며, 모스크바, 상트페테르부르크, 예카테린부르크, 한티만시스크, 튜멘, 옴스크, 우파 등으로 가는 러시아 국내 노선이 운항 중이다.

2) 항구

살레하르트항

살레하르트항은 오비강 유역에 있으며 러시아 북극 지역의 내륙 수로를 연결하는 중요한 항구이다. 야말로네네츠자치구의 석유제품 수송, 고가 용선 선박 수송, 초경량 선박 수송을 위한 가장 중요한 시설 중 하나이다. 현재 건설 중인 살레하르트-이가르카 철도는 살레하르트의 오비강 항구와 이가르카의 예니세이강 항구 사이를 연결하는 역할을 한다.[3]

노비항

노비항은 러시아 야말로네네츠자치구 오비강 하구에 위치한다. 딕손항과 함께 카라해의 주요 항구 중 하나이다. 주력산업은 수산물 가공 산업이다. 1930년대에 노비항은 북해 항로를 횡단하는 선박에 전력을 공급하기 위한 중간 석탄 연료창고 항구였다. 북해 항로를 횡단하는 데 오랜 기간이 걸리기 때문에 소련은 지역 내에서 채굴된 석탄을 이용해 동력을 공급하려고 했다. 노비항은 극지방의 전형적인 기후가 나타나며, 7월이 가장 따뜻하다. 겨울은 8개월 동안 지속하여 연중 강수량은 상당히 적은 편이다.

3) 철도

살레하르트-이가르카 철도

살레하르트-이가르카 철도는 '스탈린 철도'라고도 불리며, 북부 시베리아에 위치해 있다. 이 철도 구간 건설은 1947년부터 1953년 스탈린이 사망할 때까지 진행된 소련 굴라크[4] 프로젝트의 일환이었다. 본래 시베리아 식민지와 불모지대의 개척을 위해 제정 러시아에서 정치범들을 대거 동원해 척박한 땅에서 작업이나, 도시 기반 시설 건설, 운하를 파는 일을 맡겼고 이것이 소련의 굴라크 형성의 주 배경이 되었다. 러시아혁명 이후 내전 시기 운영되기 시작하여 조직적이고 정교한 탄압이 스탈린 정권 시기에 이어졌다. 오비강에서 시작되는 501 철도와 예니세이강에서 시작되는 503 철도 건설이 그 시기의 주요 프로젝트였다. 스탈린이 북부 시베리아를 횡단하여 소련의 최동부에 이르는 철도를 건설하는 것이 계획의 주요 목표였다. 이가르카에서 살레하르트로 이어지는 노선은 길이가 1,297킬로미터에 달했다. 이 프로젝트에 수용자, 특히 정치범이 주로 동원되었고 많은 사람들이 죽었다. 나딤과 나딤강 동쪽에 있는 노비우렌고이 사이 철도가 재건되었고, 라비트낭기와 보르쿠타까지 철도를 연결하는 맨 끝의 서쪽 구간이 여전히 운행되고 있다. 살레하르트에서 나딤까지 이어지는 구간을 재건하기로 계획했고, 이 계획에는 라비트낭기를 거쳐 살레하르트를 러시아 철도 시스템의 나머지와 연결하기 위해 오비강 위에 새 다리를 놓는 것이 포함되어 있다. 나딤에서 판고디까지의 구간도 재건설될 예정이다.

북위도 철도

북위도 철도(NLR)는 옵스카야– 살레하르트– 나딤– 노비우렌고이– 코로차예보 노선을 따라 길이 707km에 달하는 야말로네네츠자치구의 철도 노선으로, 자치구의 서부와 동부, 스베르들롭스크주를 연결한다. 이 사업은 러시아 정부, 야말로네네츠자치구 정부, PJSC 가스프롬, JSC 러시아 철도와 개발공사가 공동으로 시행하고 있다. 이 철도의 건설운영사는 연방 철도청(Roszheldor)이다. 북위도 철도의 건설은 2018년부터 2022년까지 진행될 예정이다.[5] 예상 교통량은 2,400만 톤(주로 가스 콘덴세이트와 석유화물)이며, 애초 2015년까지 고속

[그림 1-6] 북위도 철도 지도 (출처: 위키피디아)

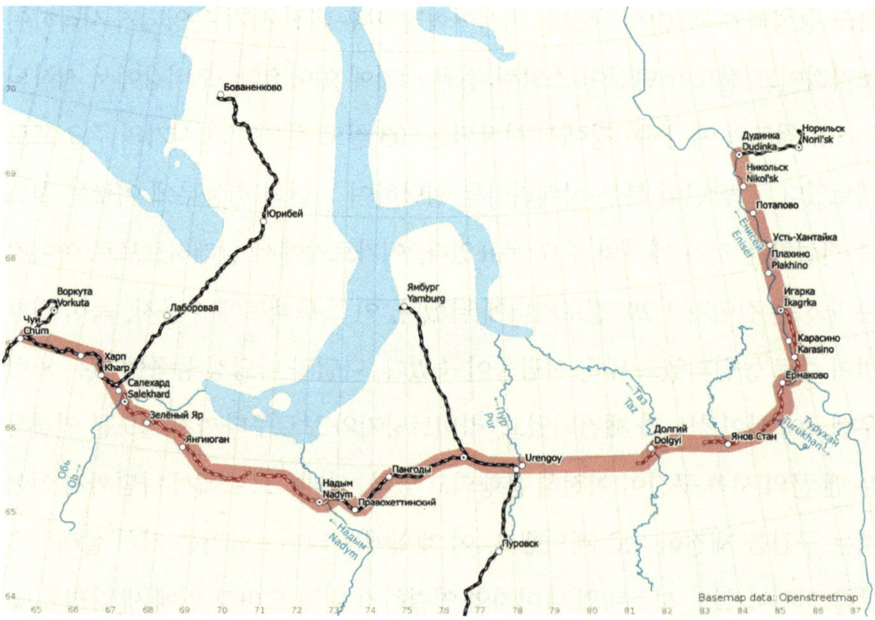

도로를 신설하기로 했으나 예산상의 문제로 사업 시행 시기를 거듭 연기한 바 있다. 지난 2017년 2월에 2023년 완공 목표를 발표하면서 사업비는 2,390억 루블에 이를 것으로 추산됐다.

4. 주요 도시

야말로네네츠자치구에는 2020년 6월 시점 총 34개의 지방자치체가 있다. 6개의 도시(gorodskiy okrug), 3개의 지방자치구(Munitsipalnyy okrug), 4개의 군(munitsipal'nyy rayon), 1개의 도시형 부락(gorodskoye poseleniye), 19개의 농촌(selskoye poseleniye), 1개의 정착지 외 영토(mezhselennaya territoriya)가 있다. 도시 인구는 약 45만 명, 농촌 인구는 약 9만 명이다. 이 지역의 주요 도시로는 수도인 살레하르트시와 노비우렌고이시, 노야브리스크시가 있다.

[표 1-1] 야말로네네츠자치구의 주요 도시

주요 도시	인구수 (2020년 기준) (단위: 명)
노비우렌고이	118,033
노야브리스크	106,911
살레하르트(행정수도)	50,976

1) 노비우렌고이시

노비우렌고이시는 야말로네네츠자치구의 가장 크고 발전된 산업 도시 중 하나이다. 노비우렌고이 시는 모스크바에서 북동쪽으로 2,350km, 북극권에서 남쪽으로 60km 떨어진 서부 시베리아에 위치해 있다. 이 지역은 기온이 영하 50도까지 내려가는 등 겨울이 9개월에 이르는 혹독한 대륙성 기후가 특징인 곳

[그림 1-7] 노비우렌고이시 기
(출처: 위키피디아)

이다. 대부분의 평원은 영구 동토층에 있다. 보통 35일간 지속되는 여름철에는 1~2m 깊이로 해동한다. 노비우렌고이는 종종 러시아 가스 생산의 수도로 불린다.

'노비우렌고이'라는 명칭은 노비우렌고이 동쪽 75km에 위치한 우렌고이 가스전 근처의 가스 산업 마을의 이름에서 유래되었다. '우렌고이'는 네네츠어로 '깊은, 울창한'이라는 뜻이다. 이 도시는 첫 번째 우물의 시추 공사가 완료된 1975년에 설립되었다. 우렌고이 가스전이 상업적으로 개발된 것은 1978년 4월부터였다. 1978년 5월 30일까지 10억 입방미터의 가스가 시추되었다. 2013년에 총 가스 생산량은 6조 5천억 입방미터에 달했는데, 이것은 당시 한 가스전에서 가스를 생산한 것으로는 세계 기록 수준이다. 노비우렌고이는 현재 러시아 전체 천연가스 생산량의 74%를 생산하고 있다.

오늘날 노비우렌고이에는 118,033명(2020년 기준)이 거주하고 있으며, 대부분이 가스전 개발에 참여하는 인구로 젊은 층의 비율이 높은 편이다. 가스전 노동자의 상대적으로 높은 급여와 세수가 이 지역의 발전을 이끌고 있다. 가스 산업에서 얻은 수익은 시의회의 교육, 문화, 스포츠 분야의 대규모 투자로 이어진다.

2) 노야브리스크시

노야브리스크는 러시아 야말로네네츠자치구에 위치한 도시이며, 관광 도시로도 알려져 있다. 인구는 106,911명(2020년 기준)이며, 야말로네네츠자치구에서 노비우렌고이에 이어 두 번째로 인구가 많다. 도시의 형성과 발전의 역사는 야말로네네츠자치구 남쪽과 한티만시 자치구 북쪽의 탄화수소 채굴 개발과 연관이 있다.

[그림 1-8] 노야브리스크시 기
(출처: 위키피디아)

노야브리스크의 역사는 홀모고르스크 유전 개발의 역사와 맥락을 같이 한다. 1973년에 홀모고르스크 지역에서 이뤄진 첫 번째 탐사는 석유를 생산하기 위해 이뤄졌다. 1975년 최초의 헬리콥터가 이투야카강 부근에 착륙하여 홀모고르스크 유전 사업이 시작되었다. 홀모고르스크 지역 주변의 카라몹스크, 무라블렌콥스크 유전 또한 개발되어, 노야브리스크 마을이 형성되었다.

1976년 11월, 노야브리스크역이 건설되기 시작했다. 노야브리스크역은 수르굿-우렌고이 노선에 위치하고 있으며, 벨리역에서 12km 떨어진 곳에 건설되었다. 이 시기에 마을의 사회 기반시설이 건설되었다. 인민대표회의가 구성되었고, 학교가 설립되었다. 1977년 말 무렵에는 노야브리스크 지역의 인구는 1,500명을 넘어섰다. 이듬해 초에는 노야브리스크 우체국, 응급실, 2개의 상점이 있는 8개의 거리가 생겨났다. 1978년 5월, 코갈림-노야브리스크 철도 노선이 완공되었다. 1978년 말, 빈가푸롭스키 가스전이 가동되었고, 활주로도 생겨났다. 항공 교통은 노야브리스크와 수르굿, 타르코세일 마을을 연결했다. 수르굿-노야브리스크 철도는 1979년에 개통되었다.

야말의 남쪽 전초기지였던 노야브리스크는 항상 지역 내 탄화수소 자원 추출의 중심지였다. 2018년 자체 생산·작업·서비스업 출하량에서 석유·가스 산업 비중이 64%에 달했다. 또한, 그중 제조업이 차지하는 비중은 18.3%에 해당

했다. 제조업은 식품산업으로 대표된다. 노야브리스크에는 빵과 제과, 가공식품, 조리용품, 병 음료수 생산 등을 위한 공장이 총 39개 있다.

도시의 공업지역임과 동시에, 자치체의 두 주요 기업은 가스프롬네프티의 자회사 노야브리스크네프티가스, 가스프롬의 자회사인 가스프롬도비차노야브리스크이다. 또한, 노야브리스크에는 노야브리스크 복합발전소, 노야브리스크 가스 처리단지, 노야브리스크테플로네프티, 서비스 시추회사 등이 운영되고 있다. 도시의 가스 처리 산업은 빈가푸롭스키 가스 처리 공장을 소유한 시부르티윰엔가스 기업으로 대표된다. 이 도시에는 가스프롬 트란스가스 수르굿가스 간선 부서와 트랜스네프티-시베리아 간선 송유관 부서도 있다. 노야브리스크에는 리메라-서비스, 슐럼버거, 핼리버튼, 베이커 휴즈, 웨더포드' 등의 자회사를 비롯해 많은 석유 및 가스 서비스 회사들이 있다.

노야브리스크는 가스와 석유라는 두 개의 산업이 동시에 발전하고 있는 몇 안 되는 서시베리아 도시 중 하나이다. 도시 인구 대부분이 이러한 산업에 종사하며 석유산업에서는 도시 인구의 3분의 1에 해당하는 3만 명이 참여하며, 가스산업에 약 3천 명이 참여한다. 이외에도 건설 산업, 통신, 무역, 기타 경제 분야가 고도로 발달되어 있다. 최근 몇 년간 노야브리스크에서는 지역 유제품 공장, 제과점, 생선, 훈제 건조, 육류 및 소시지 제품을 생산하는 식품 산업도 크게 발전했다.

도시의 발전과 함께 무역 통로가 확장됨에 따라 현재 노야브리스크에는 수십 개의 상점과 기업, 인구 및 서비스 센터 시장에 다양한 서비스가 제공된다.

3) 살레하르트시

[그림 1-9] 살레하르트시 기
(출처: 위키피디아)

살레하르트는 야말로네네츠자치구의 중심지이자 행정수도로 인구는 약 50,976명(2020년 기준)으로 비교적 적은 인구가 살고 있다. 오비강 하구에 위치해 있다. 옵도르스크 정착지는 1595년, 시베리아 정복 후 러시아 정착민들이 코노바트보시라고 부르는 한티인 정착지 대신에 설립한 것을 기원으로 한다. 옵도르스크 주변의 땅은 옵도르스키 크라이라고 불렸다.

이 도시는 러시아 제국과 소비에트 시기 종종 정치 수용소 및 망명지로 사용되었다. 이 지역에 머물렀던 대표적인 인물로 표트르 베리긴과 레온 트로츠키가 있다. 마을과 인근 지역에는 약 6,500명의 죄수들을 수용했던 3개의 수용소가 있었다. 이들은 항구 하역 작업이나 다이아몬드 채굴에 동원되었다.

1930년 12월 10일, 옵도르스크 크라이는 새로운 야말자치구의 행정 중심지가 되었다. 이 정착지는 1933년에 살레하르트로 개칭되었는데, 네네츠어로 '반도의 집'을 뜻한다. 이후 1938년에 도시 지위를 획득했다. 가장 가까운 기차역은 오비강 건너편에 있는 라비트낭기에 있다. 1949년부터 1953년까지 살레하르트-이가르카 철도 프로젝트는 수천 명의 굴라크 포로들을 동원했으나 이가르카까지 노선을 연장하는 데에는 실패했다. 살레히르트에서 나딤까지 이어지는 철도 구간은 완성되어 소련 시대에 한동안 계속 사용되었지만 결국 폐쇄되었었다. 그것은 현재 라비트낭기와 살레하르트 사이 오비강을 가로지르는 다리와 함께 재건되었다.

살레하르트는 북극권의 한계선인 66도 33분에 위치한 세계 유일의 도시이다. 살레하르트 인근에는 이러한 지리적 위치의 독특함을 강조하는 여러 기념물들이 있는데, 도시의 상징물인 살레하르트 페리 건널목 지역에 세워진 북극권 상징탑과 거대한 매머드 기념물을 들 수 있다. 최근 많은 현대적인 건물이 독창적인 건축 양식으로 건설되었다. 한편, 2016년 여름 살레하르트 인근에서 1941년 이후 동결된 탄저균 감염 시체가 최고 35℃에서 외부로 방출되어, 탄저균 포자가 순록 떼와 소 떼를 감염시킨 사례가 나타나기도 했다.

2005년 7월 살레하르트시 입구에는 매머드 기념비가 세워졌다. 매머드 기념비는 살레하르트의 가장 흥미롭고 주요한 명소 중 하나이다. 이 기념비는 야말로네네츠자치구 내 살레하르트와 라비트낭기 사이의 강 유역에 위치한다. 북부 고대 원주민들을 기리고 희귀동물의 보존이 얼마나 중요한지를 사람들에게 일깨워주기 위해 세워졌다. 매머드 기념비 건립 프로젝트는 알렉세이 튜트네프(Aleksey Tyutnev)가 주도했다. 매머드 조형물 자체는 페름에서 제작되었고, 그 후 콘크리트와 강철로 만들어진 모듈식 구조물이 현장에서 직접 조립되었다. 이 조각품의 높이는 10미터로, 작은 언덕 위에 세워져 있어 멀리서도 이 기념비를 볼 수 있다.

5. 경제

1) 주요 산업

야말로네네츠자치구는 세계에서 가장 큰 서시베리아 평원의 북부에 위치해 있다. 2020년 창립 90주년을 맞는 야말로네네츠자치구는 러시아에서 가장 많이 석유 및 가스가 매장되어 있는 것으로 유명하다. 오늘날 야말로네네츠자치구에서는 연간 러시아 국내 천연가스의 81%를 생산하는데, 이는 세계 가스 생산량의 약 20%에 해당한다. 이외에도 석유는 러시아 국내 생산량의 6%, 가스 콘덴세이트의 77%를 생산하고 있다. 천연가스 생산량과 매장량에서 러시아 연방 1위, 액화탄화수소 매장량은 한티만시자치구 다음으로 2위를 차지한다. 이 지역은 러시아 최대 가스 기업인 가스프롬사에게도 가장 중요한 지역이다. 또한 국내 2위의 가스 생산 기업인 노바테크사의 본사가 타르코살레에 위치해 있다.

2019년 3월부터 본격적인 하라사옙스크 가스전 개발이 시작됐다. 가스 생산은 2023년으로 예정되어 있다. 지금으로부터 약 100여 년 가까이 채굴할 수 있는 탄화수소가 매장되어 있는 것으로 추정된다. 최근 몇 년 동안, 북극 개발이 활성화되면서 탄화수소 생산은 안정적인 수준으로 증가했다. 2019년 첫 9개월 동안 야말로네네츠자치구의 가스 용량은 2018년 같은 기간에 비해 5.6% 증가한, 최대 446.7 bnM3으로, 석유 생산량은 9.9% 증가한 2,640만t, 가스 콘덴세이트는 22.9% 증가한 1,770만t을 기록했다. 이 지역의 가스 생산은 여전히 가스프롬의 자회사가 수행하고 있는데, 자회사의 최대 가스 생산량은 전체 가스 생산량의 73.9%인 3,303억M3 추출하였다. 노바테크 점유율은 17.1%(766억M3)이며, 다른 기업은 9%(398억M3)를 추출했다.

야말로네네츠자치구에서는 38개 기업이 102개 매장지에서 가스 생산을 진행하고 있다. 석유는 22개 기업이 69개 매장지에서 생산된다. 가스프롬네프티 기업의 비중은 지역 전체 생산량의 약 60%(1,600만t)를 차지하며, 로스네프티 16.2%(430만t), 노바테크 15.5%(4,100만t)에 달했다. 나머지 업체들은 200만t(7.7%)을 생산했다. 마지막으로 가스콘덴세이트 생산은 40개 분야 24개 업체가 진행했다. 주요 생산은 노바테크이 47.5%인 840만 톤을 차지하며, 가스프

[표 1-2] 야말로네네츠자치구에서 개발되고 있는 주요 지역

개발 지역	개발 분야
자폴랴르노예 우렌고이스코예	가스 응축액, 석유
보바넨콥스코예 얌부르크스코예 유즈노-루스코예 베레고보예 유르하롭스코예	가스콘덴세이트, 석유
예티-푸롭스코예 나홋킨스코예	석유, 가스
메드베지예	가스

출처: www.gazprom.com

롬사는 40.1%(710만 톤)의 가스콘덴세이트를 생산했고, 기타 회사에서 12.4%(220만 톤)를 생산했다.

기술이 발전함에 따라 채굴량은 매년 증가할 것으로 예상된다. 오늘날 야말로네네츠자치구는 러시아에서 투자자들에게 가장 매력적인 10개 지역 중 하나이다. 산업시설 건설에 배정된 투자 수준이 전국에서 가장 높다. 2025년까지 야말로네네츠자치구 투자사업 투자 규모가 1,000억 달러를 넘고, 러시아 북극권의 70% 이상이 야말네네츠자치구에 투자된다.

야말로네네츠자치구 광물 산업의 개발 현황은 다음과 같다. 야말로네네츠자치구는 가스 매장량 개발과 관련해 연간 최대 300억 입방미터 규모의 하라사베이곶 인근에 러시아 최초의 가스액화공장과 해상터미널 건설을 검토하고 있으며, 이후 북해로 및 아시아 태평양 국가에 대한 수출도 검토하고 있다. 탄화수소 원료와 함께 야말로네네츠자치구 영역에는 고체 광물자원이 풍부하다. 여기에 인광산염, 불소, 바라이트, 보석, 대리석과 석회석의 독특한 종류가 있다. 철 금속, 비철금속, 희소금속, 귀금속 등 또한 매장되어 있다.

한편 야말로네네츠자치구는 러시아에서 가장 많은 수의 순록이 서식하며, 그 수는 60만 마리가 넘는다. 세계 최대 규모의 백어[6] 서식지로 알려져 있으며, 순록고기와 생선 가공을 위한 사업도 증가하고 있다.

현재 야말로네네츠자치구 지역은 안정적이고 역동적으로 발전하는 지역이다. 이 지역은 러시아 최대 규모의 탄화수소 생산지이자, 다양한 산업이 발달하고 있어, 미래에 대한 투자가 기대되는 곳이다. 2020년까지의 야말로네네츠자치구 개발 전략은 연료·에너지 복합단지 개발과 현대 생활에 필요하고 장기적으로 경제의 혁신적 발전과 산업 다각화를 통해 지역 경제를 활성화하려는 계획이다.

2) 대표 기업 및 프로젝트

야말로네네츠자치구의 대표 기업으로는 가스프롬, 노바테크, 로스네프티 등이 있다. 다음 [표 1-3]에서 야말로네네츠자치구의 대표 기업과 산업 분야를 확인할 수 있다. 기업들의 주요 산업 도시로는 노비우렌고이, 노야브리스크, 굽킨스키 지역이 있다.

[표 1-3] 야말로네네츠자치구의 대표 기업과 산업 분야

대표 기업	자회사	산업 분야
가스프롬	얌부르가스도비차	가스 생산
가스프롬	가스프롬 도비차 나딤	석유 및 가스 생산
가스프롬	가스프롬 도비차 노야브리스크	가스콘센테이트 생산
노바테크	노바테크-타르코살레네프테가스	보스토치노 타르코살린스키에서 석유 및 가스생산
푸르네프테가스	게오일벤트	석유와 가스 응축수
가스프롬	우렌고이가스프롬	탄화수소탐사 및 생산, 수송
노바테크	타르코살레네프테가스	보스토치노 타르코살린스키 가스응축 유전 탐사
노바테크	유르하로브네프테가스	석유와 가스응축수 개발
가스프롬	푸르가스도비차	탄화수소 생산

출처: www.gazprom.com

야말 프로젝트 (가스프롬)

야말 프로젝트는 러시아 국영 가스회사인 가스프롬에 의해 주도되며, 연간 최대 3,600억 입방미터의 가스를 생산한다. 현재 매장지 수는 총 32개이며, 야말반도에 있는 총 매장량은 26조 5,000억 입방미터이고 16억 톤의 가스콘덴세이트, 3억 톤의 석유를 생산한다. 2019년 기준 야말 프로젝트로 963억 입방미터의 가스를 생산하였고, 이 프로젝트를 통해 연간 최대 3,600억 입방미터의 가스를 생산할 전망이다.

[표 1-4] 야말로네네츠자치구 야말프로젝트 지역

프로젝트 범위	
지역	설명
보바넨코보 생산지	보바넨코보 생산지구는 추출 잠재력이 가장 크고 보바넨콥스코예, 하라사베이스코예, 크루젠시테른스코예(면허는 가스프롬 그룹이 보유하고 있다) 등 3개 분야가 포함돼 있다. 전체 생산량은 연간 2,170억 입방미터, 안정화된 콘덴세이트 400만 톤에 이를 것으로 예상된다.
탐베이 생산 구역	탐베이 생산 구역은 다음 4개의 분야로 구성된다. 탐베이스코예, 말리긴스코예(면허는 가스프롬 그룹이 보유하고 있다), 유즈노-탐베이스코예, 샤도르스코예.
남부 생산 지역	남부 생산지구는 다음 9개 분야를 포함한다. 노보포르톱스코예(가스프롬 그룹 보유), 누르민스코예, 말로 야말스코예, 로스톱세브스코예, 아크티체스코예, 스레드네야말스코예, 캄바테이스코예, 네이틴스코예, 카메노미스코예. 이 지역은 연간 최대 생산량이 700만t에 이르는 우선 석유 생산 자산으로 꼽힌다.
탄화수소 운송 시스템	야말반도에서 러시아 통일가스공급시스템으로 가스를 공급하기 위해 보바넨콥스코예 가스전과 우흐타를 잇는 차세대 가스전송로가 마련돼 있다. 일 년 내내 석유 수송은 북극 관문 석유 적재 터미널에서 이루어진다.
사회 기반 시설	산업 및 주거용 종합지원시스템이 가동되고 있다. 이 시스템은 자동차 도로, 발전소, 교대 캠프, 산업 시설, 오스카야 - 보바넨코보 - 카르스카야 철도, 그리고 공항을 포함한다.

출처: www.gazprom.com

탐사된 가스 매장량 면에서 야말에서 가장 큰 매장지는 보바넨콥스코예이다. 2012년 첫 가스 생산 시설로 GP-2가 가동된 이래도 제2(GP-1)와 제3(GP-3) 가스 생산 설비가 각각 2014년과 2018년에 가동됐다. 이 3개 시설은 연간 총 1,150억 입방미터의 가스를 생산할 수 있다.

2012년 보바넨코보 - 우흐타 가스관이 가동되었고 2017년 초 보바넨코보 - 우흐타 2 가스관이 가동되었다.

가스프롬은 야말반도의 혹독한 기후와 환경을 극복하고 효율적이고 안전하며 혁신적인 기술을 도입했다. 야말 프로젝트는 탄화수소 매장량이 기후 조건이 극도로 어려운 접근하기 어려운 지역에 집중돼 있다는 한계를 극복한 사례로 꼽힌다. 이 지역은 영구 동토층, 긴 겨울, 낮은 평균 기온(최대 영하 50도)이 특징이다. 여름에는 영구동토층이 녹으면서 호수, 늪, 강이 만들어 지면서 생산 작업에 제약이 따르기도 한다.

러시아에서는 처음으로 보바넨콥스코예 필드의 세노마니아(심도 520~700m)와 압티안알비안(1,200~2,000m) 매장지로부터 가스를 생산하기 위한 단일 인프라가 사용되었다. 이러한 접근 방식은 사전 개발에 상당한 비용을 절감시켜주었고, 건설 프로세스를 가속화하며, 현장 개발 효율성을 향상시키는 데 도움이 되었다. 생산된 가스는 11.8 MPa(120atm)의 압력으로 작동하는 가스 파이프라인을 통해 러시아 통합 가스 공급 시스템에 의해 수송된다. 가스프롬은 주로 주문 제작 파이프를 사용하여 해상 파이프라인에서 사상 최대 압력을 달성했다. 내부 유량 코팅이 된 1,420mm 배관은 러시아 제조사가 K65(X80) 급 강철로 만든 것이다.

가스프롬은 각종 시설을 건설할 때 주로 야말 특유의 자연환경 보존에도 주의를 기울였다. 유정에 증기 유동 열 안정기와 열 절연 파이프를 사용하여 영구 동토층에 대한 영향을 완화시켰다. 다양한 재활용 시스템을 통해 저수지와 토양의 오염을 막고, 환경영향평가를 지속적으로 실시하고 모니터링한다.

가스전 건설 중 시추 폐기물은 고형화하여 처리되며, 찌꺼기 자재는 건설에 사용된다. 이 기술은 특수 혼합 유닛에서 사용되는 절삭형 캡슐화 방법을 기반으로 한다. 캡슐화된 건축자재는 보바넨콥스코예 매장지에서 사전 개발 활동, 즉 클러스터 패드용 토공 조성, 도로 경사면용 제방 설치 및 유지에 사용된다.

야말네네츠자치구 지역은 순록 방목을 하는 원주민의 토착 영토에 위치해 있다. 가스프롬사는 사회적, 경제적 발전을 촉진하고, 북부의 토착 소수민족의 전통과 문화를 보존하는 데 도움을 주는 행사를 주선하기도 하며, 사회적 기여 활동에도 참여한다. 이를 위해 가스프롬은 순록 유목 원주민의 이동 경로를 파악하여 이들을 위한 특별 교차로를 건설하기도 했다.

야말 LNG 프로젝트 (노바테크)

야말 LNG 프로젝트는 노바테크사에 의해 주도되며 오비만 연안 야말반도 북동쪽에 위치한 남탐베이스코예에서 진행된다. 남탐베이스코예의 입증 및 예상 매장량은 천연가스 926억 입방미터, 액체 탄화수소 30 mmt로 추정된다. 이 분야의 생산 잠재력은 연간 약 27 bcm의 천연가스에 달한다.

노바테크가 운영하는 야말 LNG 사업은 기존의 파이프라인을 통한 가스 공급이 아닌, LNG 발전소와 항구를 통해 가스를 공급한다는 점이 특징적이다. 오비만 연안의 남탐베이스코예 지대에 연간 17.4mmt 규모의 가스를 생산하는 LNG 발전소가 건설되었다. 건설 비용을 최적화하고 프로젝트 일정을 합리화하기 위해 모듈화된 접근법을 사용했다. 여러 공정 과정을 거쳐 액화천연가스가 공급되고 통합 LNG단지에는 액화석유가스(LPG) 분리시설, 안정적 가스콘덴세이트, 냉매 저장시설, 376MW 용량의 발전소, 유틸리티, 플레어시스템 등이 함께 가동된다.

특수 ARC7(러시아 북극 분류 기준) 얼음 급 LNG 운반선은 야말 LNG 프로젝트를 위해 맞춤 설계 및 제작됐다. 이 선박을 통해 서행 항로 및 북극의 여름 동안 북해 항로를 따라 연중 항행할 수 있다. 이외에도 선도적인 연구와 설계를 기반으로 북극해에서 항해할 수 있는 선박이 쇄빙선과 함께 운행한다.

[표 1-5] ARC7 유조선의 주요 사양

ARC7 유조선의 주요 사양	
내용	크기
화물 용량	약 170,000 입방미터의 LNG
추진 장치의 용량	45 MW
노천에서의 속도	19.5노트
1.5m 두께의 얼음에서 속도	5.5노트
1차 연료	LNG, 3개의 '아지포드' 유닛이 장착된 이중 연료 디젤 전기 추진 시스템 장착

출처: www.gazprom.com

국제공항은 야말 LNG 프로젝트의 필수적인 부분이다. 공항 시설로는 활주로가 길이 2,704m 폭 46m인 ICAO 범주 I 비행장, 항공 기계 격납고, 국제선 영역을 포함한 여객터미널 등이 있다. 공항은 노바테크의 100% 자회사인 사베타 국제공항이 운영하고 있다. 2014년 12월 4일 항공기 착륙과 함께 첫 기술 비행이 이루어졌다. 노비우렌고이, 모스크바, 사마라에서 사베타로 가는 정기

[그림 1-10] 사베타항에 있는 러시아 쇄빙선 (출처: 위키피디아)

편이 현재 운행 중이다.

야말반도 동부 해안에 위치한 사베타항은 야말 LNG 프로젝트의 거점지이다. 건설 노동자들의 안락한 주거를 위해 필요한 모든 인프라가 사베타에 건설되었다. 생활 단지의 부대시설로는 연료 및 윤활유 저장고, 보일러 시설, 전력 공급단지, 식당, 의료센터, 세탁시설, 사우나, 체육관, 행정건물, 호텔, 소방관, 하수처리시설, 온열 차고 등이 있다.

3) 지역 소득

야말로네네츠자치구의 평균임금(2019년 기준)은 9만 1,442루블이고, 살레하르트에서는 10만 4,302루블 수준이다. 러시아연방 통계청에 따르면 2019년 2월 월평균 수익률은 지난해 같은 기간에 비해 5% 증가했다. 물가상승률 변화

[표 1-6] 지난 10년간 야말로네네츠자치구 평균임금 변화 (2019년 기준)

년도	평균임금(루블)
2010년	52,619
2011년	59,095
2012년	63,696
2013년	69,192
2014년	74,489
2015년	77,272
2016년	83,238
2017년	89,938
2018년	96,846

출처: www.eurocredit.ru

[표 1-7] 야말로네네츠자치구 직종별 평균 임금 (2019년 기준)

지역경제 부문	평균임금(루블)
원유 및 천연가스 추출	158,728
코크스 및 석유제품의 생산	130,213
컴퓨터, 전자 및 광학제품 제조	122,940
화학제품 제조	110,292
채굴분야의 서비스 제공	109,817

출처: www.eurocredit.ru

[표 1-8] 야말로네네츠자치구 직종별 저임금순 (2019년기준)

지역경제 부문	평균임금(루블)
고무 및 플라스틱 제품 제조	18,104
기계 및 장비를 제외한 완제품 제조	25,357
어업 및 양식업	27,229
직물제조	28,333
농작물 및 가축생산, 사냥 및 관련 서비스	29,909

출처: www.eurocredit.ru

를 감안해 2019년 2월 실질임금은 2018년 2월 대비 2.1% 인상됐다. 월평균 임금으로 보면 야말로네네츠자치구는 러시아 지역 중 2위로 추코트카자치구의 뒤를 잇고 있다. 우랄연방관구의 연방 주체 중 이 지역은 임금 면에서 1위를 차지하고 있다. 야말로네네츠자치구의 많은 지역 주민이 대규모 광물 산업, 식품 가공업 등 관련 산업에 종사한다.

야말로네네네츠자치구 2018년 4분기 최저임금은 1인당 15,538루블로 책정되었고, 노동능력이 있는 시민의 경우에는 16,260루블로 책정되었다. 리아레이팅에서 조사한 바에 따르면, 야말로네네츠자치구 주민의 27%가 100,000루블을 초과하는 임금을 받고 있으며, 임금이 15,000루블 미만인 근로자 비율은 1.5%이고, 근로자의 약 50%가 45,000루블에서 107,000루블을 받고 있다.

6. 사회문화

1) 인구 구성

[표 1-9] 야말로네네츠자치구 인구수 변화

년도	인구 수
1990년	489,161
2000년	496,292
2005년	523,366
2010년	522,904
2015년	539,985
2020년	544,444

출처: 위키피디아

야말로네네츠자치구의 인구수는 1990년 이래로 증가했다. 지난 1990년 49만 명에서 2015년에는 약 5만 명 증가한 54만 명이 이 지역에 살고 있다. 러시아연방 통계청에 따르면 야말로네네츠자치구 인구는 2020년 1월 기준 544,444명으로 러시아에서 72위, 우랄연방관구에서는 3위를 차지하고 있다. 인구 밀도는 0.71명/km²이며, 도시 인구는 83.95%, 농촌인구는 16.05%를 차지하고 있다. 1990년 이래 2020년까지 인구수는 꾸준히 증가하였다. 대부분의 북극 지역의 인구 감소 추세에도 불구하고, 이 지역은 석유 가스 산업 프로젝트의 증가가 이 지역의 인구 증가와 연관이 있다고 볼 수 있다.

야말로네네츠자치구의 인구구성은 러시아인이 61.7%로 가장 높고, 다음으로 우크라이나인 9.7%, 네네츠인 5.9%, 타타르인 5.6% 등을 차지하고 있다. 이 지역은 다른 러시아 중부에 위치한 도시와는 다르게 다양한 소수민족 원주민이 살고 있다는 점도 특징적이다.

2) 원주민

야말로네네츠자치구에 사는 원주민들은 네네츠인, 셀쿠프인 북부 한티인이다. 수천 년 동안 야말 지역에서 토착 원주민들은 이 지역의 혹독한 기후 조건에 적응하며 전통 문화를 계승해 왔다. 오늘날 야말로네네츠자치구는 토착 원주민의 전통적인 삶의 방식과 문화가 거의 손상되지 않은 몇 안 되는 북극 영토 중 하나이다. 야말반도에 사는 원주민의 약 40%가 전통적인 생활방식으로 살고 있다. 야말로네네츠자치구에 사는 북부의 원주민 인구는 45,000명이 넘는다.

[표 1-10] 야말로네네츠자치구 원주민 수

원주민	인구 수 (2015년 기준)
네네츠인	29,800명
한티인	9,500명
코미인	5,100명
셀쿠프인	1,900명

출처: www.nbcrs.org

민족과 언어

네네츠인은 지금보다 남쪽의 시베리아 중부에서 북상하여 카닌반도와 타이미르반도, 오비강과 예니세이강 하류까지 닿아 정착촌을 만든 것으로 보인다. 일부는 농사를 짓기 시작했고 다른 일부는 수렵에 의존했다. 이들은 농사에도 이용되고 사냥에도 도움이 되는 사모예드 개를 길렀는데, 나중에 여기에 도착한 러시아인이 북극권 기후에 잘 적응한 사모예드 개를 북극 탐험에 데리고 다녔다. 이후 사모예드 개는 순록과 함께 네네츠인의 상징이 되었다. 러시아어에서 '사모(self)'와 '예드(eat)'를 합치면 '스스로 먹는 자'로 해석된다. 시베리아 원정 당시 러시아인에게 네네츠인이 순록의 피를 마시는 전통이 알려졌다. 이 때문에 사모예드인은 러시아에서 경멸적인 의미로 사용됐으나 20세기에 들어와 소련에서 소수민족을 존중하는 정책이 시행되면서 사모예드란 표현은 사라졌고 '사람'이라는 뜻의 '네네츠'로 대체되었다.

네네츠인은 거주지와 주요 생활양식에 따라 더 북쪽에 거주하는 툰드라 네네츠, 남쪽 삼림지대에 사는 삼림 네네츠로 구분된다. 이들은 언어로도 구분된다. 툰드라 네네츠는 축치인이나 코랴크인과 마찬가지로 순록 떼를 몰고 유목생활을 했으며 생활은 전적으로 순록에 의존했다. 네네츠인은 씨족 중심 사회를 형성했다. 네네츠인에게는 대지와 자연을 신격화하는 샤머니즘 또는 애니미즘이 있었다. 네네츠인의 샤먼은 타디뱌라고 불렸다. 네네츠인에게 북극곰, 순록 등은 중요한 대상이다. 최근에는 네네츠인과 인근 코미공화국의 이즈마인의 혼혈로 태어난 야란인이 네네츠인의 제3그룹을 형성했다.

네네츠어는 우랄어족에 속한다. 핀란드어, 에스토니아어, 헝가리어 등과 유사하다. 네네츠어는 툰드라 네네츠어와 삼림 네네츠어로 구분된다. 서구에서는 방언 정도로 이해하지만 사실 두 언어 간에 공통점이 거의 없어 다른 언어로 봐야 한다는 주장도 있다. 툰드라 네네츠어는 사용 인구가 3~4만 명 정도다. 사용 지역은 카닌반도에서 예니세이강 정도까지 퍼져 있다. 삼림 네네츠어는 불과 1,000~1,500명 정도가 쓰는 것으로 알려져 있다. 사용지역은 아간, 푸르, 랴민, 나딤강 인근이다. 툰드라 네네츠어는 소수민족 언어로 취급되면서 1930년대부터 기록으로 남았지만, 삼림 네네츠어는 그러하지 못해 겨우 1990년대에 와서 기록되기 시작했고 남아 있는 기록물도 많지 않다. 두 가지 네네츠어 모두 역사상 러시아어의 영향을 강하게 받았다. 또 툰드라 네네츠어는 서쪽으로 접한 코미 언어와 북부 한티어의 영향도 받았다.

전통문화와 생활

네네츠인은 조상 대대로 내려오던 독특한 전통과 풍습을 간직하고 있다. 네네츠인은 이를 '툰드라의 법칙'이라 부른다. 몇 가지만 살펴보면 우선 전통 유목을 하는 네네츠 가정에는 크고 작은 수십여 대의 썰매가 있다. 어린이들은 대개 일찍부터 가족 내에서 자신의 역할을 찾게 된다. 남자아이들은 아주 어려서부터 아버지와 형들을 도와 순록을 몰고 순록을 잡는 올가미 던지는 연습을 한다. 남자아이는 10살도 되기 전에 자신만의 순록을 정하고 자기 썰매를 몬다. 전통적인 생활방식을 지키는 네네츠 유목민은 이동식 텐트 '춤'을 지으면서 순록 떼를 데리고 툰드라 지대를 떠돈다. 춤은 순록 가죽을 이어 만든 큰 움막으로 겨울철에 바깥은 영하 수십 도로 추워도 춤 안에서는 두꺼운 외투를 벗어도 될 정도로 따뜻하다.

네네츠인에게 가장 중요한 동물이자 상징, 일상생활과 밀접하게 연관되어 있는 중요한 존재는 바로 순록이다. 순록은 귀중한 영양 공급원이자 순록 뿔과 가죽은 생계를 잇는 수단이었다. 어업도 네네츠인의 주요 생계 수단이다. 매년 3~5월에는 비교적 큰 도시, 한국으로 치면 읍내나 면 소재지 같은 곳에서 순록 축제가 열린다. 민족 전통이 살아 있는 형형색색의 의상을 입고 레슬링이나 씨

름과 닮은 전통 격투기를 즐긴다.

3) 교육

야말로네네츠자치구에는 자체 고등교육기관이 없지만 주립대학과 비주립 대학이 12개 있다.

[표 1-11] 야말로네네츠자치구 대학교

번호	지역	대학교
1	노비우렌고이	노비우렌고이 러시아 신대학교 분교
2	노야브리스크	노야브리스크 인문과학-환경 대학교 (튜멘 국립대학교 분교)
3	노야브리스크	노야브리스크 석유 가스 대학교 (튜멘 국립석유가스대학교 분교)
4	노야브리스크	노야브리스크 모스크바 금융-산업대학 '시네르기야' 분교
5	살레하르트	살레하르트 우랄 상법대학교 분교
6	살레하르트	살렉하르트 북부횡단농림대학 분교
7	나딤	나딤 모스크바 심리사회대학 분교
8	노야브리스크	노야브르스크 우랄연방대학교 분교
9	굽킨스키	굽킨스키 우드무르트 주립 대학교 분교
10	노비우렌고이	노비우렌고이 튜멘 주립 대학교 분교
11	나딤	나딤 튜멘 주립 대학교 분교
12	노비우렌고이	야말 튜멘 석유 가스 대학교 분교

튜멘석유가스주립대학교

튜멘석유가스주립대학교는 튜멘주의 고등 교육 기관으로 일반 중등, 중등 전문직 및 고등교육에서부터 대학원 연구 및 박사 과정, 전문적 개발프로그램에 이르기까지 모든 교육 수준을 포함하는 러시아 최대의 과학 교육 기관 중 하나로 꼽힌다. 튜멘서시베리아의 급속한 개발이 시작된 1963년, 시베리아의 석유 가스단지 전문가를 양성하는 취지로 튜멘주에 전문대학을 설립하였다. 오늘날 이곳에는 35,000명의 학생들이 대학에서 공부한다. 또한, 43개국에서 온 1,400명의 외국인 학생들이 있다. 2007년 6월부터 이 대학교의 졸업생과 교사는 유럽 졸업 증서도 받을 수 있다. 튜멘석유가스주립대학교는 수년 동안 수르그네프티가스, 루코일, 트란스네프티시베리아, 가스프롬, 로스네프티, 베이커휴즈와 같은 주요 석유 및 가스, 운송 및 서비스 회사와 제휴해왔다. 현재까지 이 대학은 190개 이상의 협력 협정을 체결했다.

튜멘국립대학교

튜멘국립대학교(UTMN)는 튜멘 주에 있는 최초의 대학교로 1930년에 설립되었다. 서시베리아에서 가장 오래된 대학 중의 하나로, 89개의 학사과정, 33개의 석사과정, 58개의 박사과정을 제공하고 있다. 튜멘 캠퍼스는 15개의 아카데미 빌딩과, 4개의 기숙사, 본관과 도서관, 피트니스센터, 수영장 및 의료시설을 갖추고 있다. 튜멘국립대학교는 러시아 정부에서 추진하고 있는 글로벌 프로젝트에 포함된 교육 기관으로 총 학생 수는 1,900명 이상의 유학생을 포함하여 2만 7천 명이 넘는다. 총 교직원과 직원 수는 2,000명이 넘는다. 오늘날 튜멘국립대학교는 175개 분야의 자격을 갖춘 전문가를 양성한다. 석사학위, 학부 교육, 대학원, 박사학위 등 다양한 형태의 연구를 제공한다.

4) 주요 관광지

[표 1-12] 야말로네네츠자치구 박물관

번호	지역	박물관
1	라비트낭기	시립 향토박물관
2	굽킨스키	굽킨스키북부개발박물관
3	나딤	돔 프리로디 (나딤 역사 및 고고학 박물관 분관)
4	무지	코미-이즈바 박물관
5	크라스노셀쿠프	크라스노셀쿱스키 향토박물관
6	노비우렌고이	노비우렌고이 시립미술박물관
7	야르-살레	야말로 시립박물관
8	무라블렌코	무라블렌코 생태학-향토박물관

굽킨스키북부개발박물관

굽킨스키북부개발박물관은 야말로네네츠자치구의 대표적인 박물관 중 하나이다. 또한, 굽킨스키시의 사회 문화 공간에서도 매우 중요한 문화센터이다. 1996년 설립된 이 박물관은 역사, 고고학, 민족학, 광물학, 예술, 러시아 전통 생활 및 민속 공예에 관한 수집품을 구성하는 곳으로 작품 수는 무려 2만여 개에 달한다. 굽킨스키북부개발박물관은 대규모 수집, 과학, 교육, 전시 활동을 하고 있으며, 매년 60개 이상의 전시 프로젝트를 선보인다.

나딤 역사 및 고고학 박물관

나딤 역사 및 고고학 박물관은 1988년 전형적인 전시관을 바탕으로 나딤에 튜멘 지역 미술관 분관을 개관하였다. 2001년, 박물관 및 전시관이 시립 문화 기관 "나딤의 역사와 고고학 박물관"으로 탈바꿈하였다.

이 박물관은 2개의 전시장과 2개의 상설 전시장이 있다. 2개의 전시장으로는 민족학 전시장인 '사바인의 가장자리'와 고고학 전시장인 '나딤 정착지'가 있다. 고고학 전시장인 '나딤 정착지'는 19세기 전반의 고고학적 유적지를 소개한다. 민족학 전시회 '소녀 사바네의 엣지(Edge of the Girl Savane)'는 인형 가이드인 네네츠 소녀 사바네와 함께 나딤 지역의 전통의상, 수렵 및 낚시 도구, 전통 의식 등을 선보인다.

옥탸브리스키

옥탸브리스키는 라비트낭기 마을 근처에 있는 야말로네네츠자치구에서 가장 인기 있는 스키 리조트이다. 긴 겨울과 많은 눈이 내리는 북극권 지역의 특성에 맞게 스키장에 적합한 조건을 가지고 있다. 옥탸브리스키 리조트는 주로 가족 휴가 및 스키를 배우러 많은 관광객이 찾는다. 110m 높이에서 완만하게 경사진 620m 길이의 슬로프가 하나뿐이지만 옥탸브리스키에서는 미래의 스키 선수를 포함하여 다양한 행사가 정기적으로 개최된다. 어린이들을 위한 별도의 경사가 만들어져 스키강사의 감독하에 스키와 스노보드를 배우고 수업 후에는 썰매를 즐긴다. 또한, 이곳 리조트에는 한증막과 수영장이 있는 사우나가 있으며 레저실에는 당구대가 있다. 스키를 탄 후 충분한 휴식을 취할 수 있는 곳이 많아 관광객들뿐만 아니라 현지인들도 자주 즐기는 스키 리조트이다.

관광 상품

순록고기

야말로네네츠자치구에 처음 온다면 순록고기를 먹어봐야 한다. 이곳 토착민들의 삶의 기본은 순록이다. 돼지고기나 소고기와 달리 순록고기는 담백하고 지방이 훨씬 적다. 순록의 젖은 고래 젖과 더불어 지방 함량이 가장 풍부하며 라플란드, 노르웨이, 스웨덴에서 생산하는 몇몇 치즈의 재료로 사용된다. 순록고기를 먹으면 당뇨병, 고혈압, 심장병 등을 앓는 사람에게 유용하다고 전해진다. 신선한 순록고기의 특정한 냄새를 없애기 위해서는 가공해서 먹어야 한다. 따라서 많은 관광객은 순록고기로 만든 육포를 구매한다. 예로부터 순록은 제물로 바치는 동물이다. 축제 기간, 토착민들과 관광객들은 신선한 순록 피를 마시고 그것을 날고기로 먹는다. 날고기로 섭취하면 비타민 B1이 풍부하여 몸에 에너지를 포화시키고 식욕을 증진하며 두뇌 활동을 활발하게 한다고 토착민들은 말한다.

5) 기념일 및 축제

야말로네네츠자치구 원주민들이 특별히 기념하는 날은 큰 기쁨의 날, 어부의 날, 순록 사냥꾼의 날 등이 있다.

큰 기쁨의 날

야말로네네츠자치구 원주민들의 큰 기쁨의 날은 세 가지의 기념일로 구분되는데 첫 번째는 아이의 생일, 두 번째는 반가운 손님과 친척들이 방문하는 것, 마지막 세 번째로는 결혼이다. 아이의 생일은 아이에게서 탯줄을 자른 후에 축하하는 것이다. 즉, 일생에 단 한 번 축하를 받는 것이다. 아이가 태어나면 어린 사슴을 도살하고, 아기를 낳은 여성에게는 선물을 주는 문화가 있다.

어부의 날

어부의 날은 야말로네네츠자치구 원주민들의 가장 유명한 기념일 중 하나다. 이곳 어부들의 주요 계명은 "호수의 물고기를 다 잡지 마라. 자손에게 맡겨라!"이기 때문에, 이 기념일에도 많은 물고기를 잡지 않는다. 이 축제는 주로 여름철에 진행되며 보트경주, 낚시 등의 다양한 형태로 대회를 진행한다.

순록 사냥꾼의 날

순록은 네네츠인의 삶에서 상당히 중요하다. 이곳 원주민들은 전통적으로 사슴을 썰매에 이용하며 수송 동물로 사용했다. 옷과 신발 또한 사슴 가죽으로 만들고, 사슴고기도 주식으로 먹는다. 따라서 이날도 중요한 기념일 중 하나이다. 주로 봄에 개최되고 이 축제에서는 전국적인 유형의 대회가 가장 많이 열리는데 그중 순록 썰매 경주, 도끼 던지기, 썰매 뛰어넘기, 줄다리기 등이 있다. 순록 썰매 경주는 아름답고 신나는 광경과 더불어 최고의 사슴을 고르고, 마대는 리본과 다양한 색깔의 천으로 장식된다. 계절에 따라 사슴 4~6마리를 매고 있다. 대회는 속도감 있게 열리지만, 참석한 사람들은 사슴이 달리는 아름다움과 그들의 다양한 색채를 감상한다.

미주

1 옵도르스크는 오늘날 야말네네네츠 자치구 오크루그-살레하르트로 불린다.

2 Berkman, Paul Arthur, Alexander N. Vylegzhanin, and Oran R. Young. Baseline of Russian Arctic Laws. Springer International Publishing, 2019, p. 259.

3 https://ru. wikipedia. org/wiki/Салехард)

4 굴라크는 소비에트 시기 국가 보안국의 한 지국으로, 강제 노동 수용 및 관련된 구금과 수용, 감옥에 운송하는 일을 담당했다. 이들 수용소는 모든 종류의 범죄자들을 수용하고 있으나, 굴라크 시스템은 정치범 수용소로 더 잘 알려져 있으며, 소련의 반체제 인사들을 탄압했다.

5 https://pravdaurfo. ru/news/158341-dvorkovich-zayavil-o-nachale-stroitelstva-sshh-v

6 백어는 뱅엇과의 민물고기로 러시아 북극 지역 및 사할린 지역에 주로 서식한다.

제2장

한티만시자치구

1. 역사

신석기시대부터 서시베리아와 오비강 중하류 지역에 원주민이 살기 시작했다. 청동기, 철기시대를 거쳐 한티인의 조상이라고 할 수 있는 우그르인이 이곳에 정착했다. 이들은 모피 사냥, 수렵으로 생계를 유지했다. 이 지역은 1096년 러시아 문서에 처음으로 언급되었다. 10세기경 노브고로드 공국을 중심으로 무역이 발달했다. 이들은 원주민과의 모피 교역으로 상당한 부를 축적했다. 노브고로드 공국에 이어 패권을 장악한 모스크바 대공국은 오비강 하구에서 살고 있던 원주민인 한티인과 사모예드인 지역을 정복했다.

12~13세기 검은담비 모피 수요가 유럽에서 폭발적으로 증가했다. 모스크바 대공국의 대공 이반 3세는 우랄산맥을 넘어 동쪽 지역으로 정복 활동을 펼쳤고 정복 지역에서 조공을 받았다. 그의 뒤를 이은 이반 4세는 상인 스트로가노프를 앞세워 원주민들을 이용하여 시베리아 탐험을 시도했으며, 1581년 코

사크 용병 약 800명으로 이뤄진 군대를 이끌고 우랄산맥을 넘어 시베리아 침입을 시작하여 1593년 한티만시가 러시아 영토로 편입되었다. 시베리아 모피는 러시아 재정에 매우 중요했는데, 모스크바 황실 재정수입의 10%를 차지했다. 모피는 유럽, 중동의 이슬람 국가, 중국 등으로 많이 수출되었다.

한티만시 원주민은 '야삭'이라 불리는 공물로 검은담비 모피를 연간 40장 공국에 바쳐야 했다. 우랄산맥 너머에 러시아인들이 정착하면서 식량 생산을 위해 많은 농노가 이주했고, 러시아 농노들은 도끼와 쟁기로 숲을 개간하고 원주민을 몰아냈다.

1708년 황제 표트르 1세에 의해 시베리아주가 러시아 제국의 행정구역이 되었고, 1775년 여제 예카테리나 2세의 법령에 의해 거의 모든 서부 시베리아를 포함하여 토볼스크주가 러시아의 일부로 편입되었다. 1918년 토볼스크주의 명칭이 튜멘스크로 바뀌고 행정중심 역시 튜멘시로 바뀌었다. 볼세비키 혁명 정권은 영토를 가진 모든 민족에게 자치권을 허용하는 정책을 도입했고, 1917년 11월 '러시아 내 모든 민족의 권리에 대한 선언'을 선포했다. 이 선언의 내용은 모든 민족의 주권과 평등, 민족적·종교적 차별 폐지, 민족 자치권을 주장하는 것이었다. 이런 선언이 바탕이 되어 1928년 시베리아에 코미-지랸인, 야말로네네츠인, 타이미르인, 한티만시인, 에벤키인, 에벤인, 축치인, 코랴크인 등이 민족단위 행정 구역을 결성했다. 1923년은 지방 단위가 폐쇄되고, 우랄주와 토볼스크관구가 형성되었으며, 1930년 12월 10일 중앙집행위원회에서 북방 지역 사회 정착 결의안을 채택하면서 오스타크보굴민족관구가 만들어지고, 1931년부터 오스타크보굴이 민족관구의 중심지가 되었다.

1934년 오스타크보굴민족관구는 새로 형성된 옴스크주에 편입되었다가

1940년 10월 23일 한티만시민족관구로 바뀌었다. 한티만시민족관구는 1977년 한티만시자치관구가 되었다. 1991년 소련 해체로 1993년 연방법 65조에 따라 러시아연방에 정식으로 포함되었다. 1995년 4월 26일에 한티만시자치관구의 헌법을 채택하고, 1996년 10월 27일 최초로 관구 지사 선거를 실시했다. 2003년 7월 25일에는 러시아연방 대통령령에 의해 '한티만시자치관구 유그라'로 공식 명칭을 변경하여 지금까지 유지되고 있다.

2. 지리와 자연환경

1) 지리

한티만시자치구 유그라는 모스크바에서 동쪽으로 약 1,800km 떨어진 우랄지방에 있으며, 총면적은 534,801km²으로, 러시아연방에서 아홉 번째로 넓고, 연방 총면적의 3.12%를 차지한다. 행정 중심지는 한티만시스크이다.

동쪽으로 크라스노야르스크변강주, 남동쪽으로 톰스크주, 남서쪽으로 스베르들롭스크주, 북서쪽으로 코미공화국, 북쪽으로는 야말로네네츠자치구와 접한다. 가장 큰 도시들로는 수르구트(38만 632명), 니즈네바르톱스크(27만 7,668명), 네프테유간스크(12만 7,255명) 등이 있다.

2) 자연환경

한티만시자치구는 서시베리아 저지대 중앙부를 차지하고 있으며, 우랄 능선에서 오스코예니세이 분수령까지 약 1,400km에 걸쳐 서쪽에서 동쪽으로 뻗

[그림 2-1] 한티만시자치구 위치 (출처: 위키피디아)

어 있다. 이 지역은 북위 58ㅇ30'에서 65ㅇ30' 사이에 걸쳐 약 800km까지 뻗어 있다. 한티만시자치구를 둘러싼 경계의 길이는 총 4,750km이다.

한티만시자치구에는 길이 3,650km의 오비강과 길이 3,580km의 지류 이르티시강이 흐른다. 이 지역의 거의 모든 하천은 유속이 느리다는 점이 특징이다. 영토의 3분의 1이 습지로 이루어져 있다. 늪과 숲에 둘러싸여 약 30만 개의 호수가 있다. 오비강과 콘다강을 따라 습지가 많은 저지대가 있고, 동쪽과 극서쪽으로 고지대가 자리하며, 북서쪽 외곽에는 해발 1,894m의 나로드나야산 등 우랄산맥 봉우리가 솟아 있다. 자치구 지역 면적의 52%가 산림으로 이루어져 있으며, 주로 타이가 지대에 속한다.

주요 수종은 가문비나무, 삼나무, 낙엽송, 전나무, 소나무, 히말라야삼목 등의 침엽수이며, 여우, 담비, 밍크 등이 서식한다. 한티만시자치구의 타이가 삼림 지대는 북쪽의 툰드라까지 이어진다. 따라서 자치구의 북부 지방은 툰드라에 해당하며 영구동토층이 관찰된다. 이 지역의 고등 식물은 800종 이상에 달한다. 숲과 늪에는 크랜베리, 블루베리, 라즈베리, 산딸기, 체리 등 과일과 식물의 종류가 풍부하다.

러시아 중부 서시베리아 평원의 오비강 중·하류 유역에 위치하여, 겨울이 길고 추운 대륙성 기후에 속한다. 짧은 여름을 제외한 가을, 겨울, 봄에 걸쳐 기상 조건이 급격하게 변화하는 특징이 나타난다. 겨울인 1월의 평균기온은 −18~−24℃, 벨로야르스키 지구의 볼쇼이 올호프스키 지역에서 2016년 12월 20일부터 21일까지 최저 기온(최대 −62℃)을 기록했다. 여름인 7월의 평균기온은 16~18℃이다. 여름철에는 남풍이 더 자주 관측되는 겨울과 대조적으로 풍향은 북풍이다. 연간 강수량은 400−620mm 수준이다.

[그림 2-2] 한티만시자치구 산과 계곡(출처: 위키피디아)

한티만시자치구는 엄청난 천연자원 잠재력을 보유하고 있다. 바로 석유와 가스 매장량, 산림 자원, 많은 고체 광물을 들 수 있다. 매장량이 약 200억t에 달하는 400개 이상의 유전과 가스전이 발견되었다. 이 지역의 예상 석유 매장량은 350억t으로 추정된다. 주요 석유 생산지로는 사모틀로르스코예, 페도롭스코예, 마몬토프스코예, 프리롭스코예가 있다. 천연가스 매장량을 보면 한티만시스크 합작주식회사가 야말로네네츠 합작주식회사에 이어 러시아연방에서 2위를 차지하고 있다.

석유와 가스 매장량 외에도 이 지역은 여러 가지 광석과 금 매장지가 발견되는데, 이 매장지의 광석 매장량은 220t으로 추정된다. 철광석 퇴적물과 보크사이트, 구리, 아연, 납, 니오비움, 탄탈룸 등의 흔적이 우랄 지역과 인접한 자치구 지역에서 발견되었다. 이들 원료의 품질은 세계 최고 수준이다. 갈탄과 경질 석탄이 매장되어 있는데, 매장량은 각각 4,600만t과 9억7,000만t으로 추정된다. 장식용 돌, 벽돌 및 확장된 점토, 건축용 모래 및 자갈 혼합물, 귀중한 농약 원료인 사프로펠, 무수한 이탄 매장량이 있다. 아직 사용되지 않은 신선한 광천수, 열 지하수 등 막대한 자원을 보유한다.

3. 수로와 교통

한티만시자치구의 교통은 공항, 도로, 철도, 수로로 구성된다. 이 지역에서는 주로 수로와 철도를 통해 물품을 운송하며, 이 외에 30%는 도로로, 2%는 항공로를 이용한다. 주민은 항공편을 이용해 이동한다. 20세기 중후반에 항공을 통한 교통수단이 발전하면서 새로운 도시 성장의 기회로 작용했다. 1971년 최초의 공항이 신설되었고, 2002년에 새로운 공항 터미널이 건설되었다. 2004년에 한티만시스크 공항은 국제공항 지위를 얻었다. 한티만시스크의 주요 항공사인 유티에어 항공(UTair Airlines)이 화물과 승객 서비스를 전담하고 있다.

도로망은 공항보다 늦은 1990년대에 이르러서야 연결되었다. 1996년에 수르구트, 네프테유간스크, 튜멘과 한티만시스크를 연결하는 연방 고속도로 건설이 완료되었다. 2004년에는 이르티시 도로 교각이 완공되었다. 이 도시는 한티만시자치구 서부 지역의 냐간 등의 도시들과 서서히 연결되었다. 2010년에는 고르노프라빈스크 마을을 통과하는 도로가 개통되어 튜멘까지 거리가 270km 단축되었다. 2013년에 입델과 유고르스크 한티만시스크를 연결하는 도로인 '우랄 유그라' 도로가 개통되었다.

이르티시강의 항구는 오비강과 합류하는 12~16km 지점에 있다. 내륙 수로를 통해 토볼스크, 옴스크, 살레하르트만 아니라 그 지역의 많은 도시와 마을과 도시를 왕래할 수 있다. 이 지역과 가장 가까운 철도역은 한티만시스크에서 248km 떨어진 피트야흐역과 한티만시스크에서 238km 떨어진 데만카역이다. 한티만시스크 버스 노선은 7개의 도시형 버스 노선과 1개의 교외형 버스 노선이 있다.

1) 공항

한티만시자치구의 지역에는 13개의 공항이 있다. 이 지역 내 공항은 벨로야르스크 공항, 이그림 공항, 한티만시스크 공항, 콘딘스코예 공항, 네프테유간스크 공항, 니즈네바르톱스크 공항, 냐간 공항, 라두즈니 공항, 소벳스키 공항,

[그림 2-3] 한티만시스크 공항 (출처: 위키피디아)

우라이 공항, 유고르스크 소벳스키 공항이 있다. 또 수르구트 국제공항과 코갈림 국제공항이 있다.

항공을 통해 한티만시자치구 도시와 러시아 내 주요 대도시인 모스크바, 상트페테르부르크, 사마라, 크라스노다르, 소치 등이 연결된다. 일부 소형 항공기와 헬리콥터를 통해 도시의 경제 주축인 석유·가스 운송이 이루어지기도 하며, 북부 토착 원주민 마을을 오가는 데 활용되기도 한다.

수르구트 국제공항은 한티만시자치구 수르구트에 있으며, 여객기와 헬리콥터 등 항공기를 다양하게 수용할 수 있는 활주로를 구비하고 있다. 1931년 수르구트 마을에 최초의 항공기가 착륙한 이후 1937년에 수르구트 공항이 건설되었다는 점에서 소련 시기 이 지역의 전략적인 거점지였음을 알 수 있다. 1998년과 2000년에는 독립국가연합(CIS) 국가 중에서 '올해의 공항'으로 선정되기도 했다. 2001년에 국제선 항공편이 도입되면서, 국제공항으로 인정받게 되었고 현재도 국내선과 국제선 항공편이 증가하면서 역내 대표 공항으로 자리매김했다.

한편, 또 다른 국제공항인 코갈림 국제공항은 소련 정부가 국영 공항으로 운영했으며 1991년 소련 해체 이후에는 일반 공항으로 활용되지는 않았다. 그러나 1995년에 국제적 지위를 획득하면서 1996년에는 첫 국제선 서비스를 제공하기 시작했다.

2) 항구

수로 교통은 오비강과 이르티시강을 통해 2~3천 년 전부터 발달해왔다. 특히 아시아와 유럽을 잇는 실크로드의 최북단 지점이었다. 19세기에는 오비-예니세이 운하를 통해 오비-이르티시 분지로 이어서 톰스크까지 교역이 발달했다. 20세기 중후반대 이후에는 항공편이 발달하면서 대체 수송로가 마련되었지만, 여전히 수로를 통한 운반은 이 지역에서 중요한 역할을 차지한다. 북극 지역의 계절적인 특성으로 인해 매년 5월부터 10월까지 선박을 통해 수로 운송이 가능하며, 소규모 강의 경우에는 수심이 깊은 6~7월 여름에만 선박이 통과할 수 있다. 특히 주요 토착 원주민들이 거주하는 마을이 강 주변에 있기 때문에, 수로는 이 지역민에게 여러 가지로 의미가 있다.

니즈네바르톱스크항

한티만시자치구는 러시아 북부의 내륙에 위치하며, 해안과 인접하지 않는다. 모든 수로는 오비강을 따라 내륙 수운으로 구성된다. 러시아 중부에 위치한 강이자 아시아에서 가장 큰 강 중 하나인 오비강은 알타이산맥이 수원이며 북극 카라해로 흘러간다. 대각선으로 서시베리아를 가로질러 남북으로 흐르는데, 한티만시자치구의 주요 도시들을 모두 통과한다. 오비강의 위치는 이 지역의 물리적 환경이지만 인구 분포와 생활방식에 상당한 영향을 주었다. 니즈네바르톱스크항은 한티만시자치구로 들어오는 첫 번째 항구이며, 1970년대 이후 이 지역에 유전이 개발되면서 본격적으로 석유·가스 수송을 위한 중심 항구로 발달했다.

수르구트항

수르구트항은 오비강이 통과하는 한티만시자치구의 주요 항구이다. 1965년에 형성된 도시인 수르구트시는 서시베리아 유전 지역의 주요 행정 도시이자 화력발전소 및 유전, 가스전을 보유한 산업 도시이다. 도시의 주요 자원과 재화의 교역은 철도로 연결되지만, 항구를 통해 수로와도 연결될 수 있다.

3) 철도

스베르들롭스크 철도

스베르들롭스크 철도는 예카테린부르크를 본사로 하며 페름–스베르들롭스크–튜멘–유그라–야말로네네츠 지역을 연결하는 러시아에서 가장 물동량 이동이 많은 철도 중 하나이다. 1991년 완공된 철도 노선의 총 길이는 7,152.2km

[그림 2-4] 스베르들롭스크 철도의 본사(예카테린부르크) (출처: 위키피디아)

에 달한다. 이 철도는 시베리아횡단철도와 연결된다. 2003년 살레하르트-이가르카 철도로부터 야말 철도회사가 스베르들롭스크 철도와 가스프롬의 합작으로 신설되었다. 이를 통해 북부 시베리아의 풍부한 가스 자원을 운반할 수 있게 되었다.

튜멘-수르구트-니즈네바르톱스크 철도

튜멘 지역 북부 개발 프로젝트의 일환으로 튜멘-수르구트-니즈네바르톱스크 철도가 건설되었다. 주요 목적은 유전 지역을 연결하여 물류 수송을 원활히 하기 위함이었다. 특히 철도 이전에 주된 운송로였던 강은 계절성으로 인해 여러 한계가 있었다. 1976년 11월에 최초로 철도 이용이 이뤄졌고 니즈네바르톱스크역은 2002년에 건설되었다. 이 역은 세계 최대 기차역으로 기네스북에 등

재되기도 했다.

4. 주요 도시

[표 2-1] 한티만시자치구의 주요 도시

주요 도시	인구수 (2020년 기준) (단위: 명)
수르구트	380,632
니즈네바르톱스크	251,694
네프테유간스크	122,855
한티만시스크(행정수도)	80,151

한티만시자치구에는 34개 지방자치체가 있다. 6개 도시, 3개 지방자치구, 4개 군, 1개 도시형 촌락, 19개의 농촌이 있다. 도시 인구는 약 45만 명, 농촌 인구는 약 9만 명이다.

1) 수르구트

[그림 2-5] 수르구트시 기 (출처: 위키피디아)

수르구트는 한티만시자치구에서 가장 큰 도시로 인구 약 30만 명(2020년 기준)이 거주한다. 인구 및 경제에서 한티만시자치구 내에서 행정 중심지인 한티만시스크시보다 상대적으로 규모가 큰 편이다. 2011년에는 러시아에서 경제력이 가장 높은 도시로 상트페테르부르크를 앞지르며 3위를 차지한 바 있다. 수르구트는 러시아에서 가장 빠르게 성장하는 도시 중 하나로 꼽힌다. 2019년 수르구트가 모스크바, 유즈노사할린스크, 살레하르트에 이어서 1인당 임금이 가장 높은 도시(구매력 기준) 4위에 이름을 올렸다.

수르구트는 시베리아에서 가장 오래된 도시 중 하나이다. 이 도시는 오랫동안 요새로 사용되어 도시로 발전했다. 도시 중심에 있는 기념비에는 '이 도시는 세 사람에 의해 건설되었다. 그들은 영주(voivode), 상인과 사냥꾼이다'라고 표기되어 있는데, 이를 통해 도시의 역사와 정체성을 가늠할 수 있다. 16세기에 이르러서는 다른 시베리아 지역과 마찬가지로 정치적 유형지 중 하나가 되었고 데카브리스트 봉기에 참여하여 유배된 사람들도 있었다.

16세기 중반에 이르러 도시는 무역의 발달과 함께 성장했다. 1708년 표트르 대제는 수르구트를 시베리아주의 일부로 인정하는 포고령을 내렸다. 도시의 발달과 함께 다양한 사회기반시설이 조성되었다. 1835년에는 코자크인 학교가, 1877년에는 최초의 남자학교가 생겼다. 이후 마을이 발달하고, 1878년에는 도서관과 기상관측소 등 다양한 시설이 조성되었다. 19세기 말에 수르쿠트의 주요 산업은 어업과 수렵, 무역, 가축 사육 등이었다. 한편 1918년 4월에는 도시 행정부가 세워졌고, 1920년에는 볼세비키에 대항하는 쿨라크(부농) 봉기의 중심지가 되기도 했다. 1923년 무렵에는 우랄 지역 토볼스크주에 속하며 역내 중심지로 부상했다. 1928년에는 생선 통조림 공장 산업체가 설립되었고, 1929년에 집단 농장이 형성되었고, 1930년대에 이 지역에서 광물을 채취하기 시작했다. 2차 세계대전 시기에는 전선에 물자를 공급하는 주요 도시 중 하나였다.

1957년에는 수르구트에 유간 시추회사가 설립되어 여러 유전이 발견되었다. 1959년에는 종합적인 지질 탐사가 이루어졌고, 1960년대에 석유와 가스 생산의 중심지로 거듭나게 되었다. 1962년에는 수르구트 유전이 발견되었고

1964년에 우스트발릭 유전이 개발되었다. 1965년 6월 25일 수르쿠트는 도시 지위를 얻었고 1970년대 중반 이후부터 노동자가 유입되면서 도시 주민 수가 급증했다.

수르구트는 경제소득 수준에서 모스크바와 상트페테르부르크에 이어 3위를 차지한다. 주요 석유화학 기업이 활발히 활동하고 있으며, 튜멘주와 한티만시 자치구 전체에서 가장 큰 문화산업 도시 중 하나이기도 하다. 이곳에는 수르구트네프테가스, 튜멘에네르고, 가스프롬, 가스프롬페레라보트카, 가스프롬 트란스가스 수르구트 등 주요 석유화학 기업이 활발히 활동하고 있다.

2) 니즈네바르톱스크

[그림 2-6]
니즈네바르톱스크시 기 (출처: 위키피디아)

니즈네바르톱스크는 러시아 한티만시자치구의 행정 도시이다. 이 도시는 오비강 유역에 위치하며 사모틀로르 유전과 인접한다. 러시아 석유산업의 가장 큰 중심지 중 하나로 서부 시베리아 평야의 오비강 중부 저지대에 있다.

서부 시베리아에서 유전 개발이 활발하게 이루어졌던 1960년대부터 도시가 발달하기 시작했으며, 유전 개발에 따른 경제적 수익에 힘입어 현대적인 도시로 발전했다. 한티만시자치구에서 인구가 두 번째로 많으며 경제적 잠재력이 상당하다.

니즈네바르톱스크는 1870년대 중반부터 증기선 계류에 적합하다고 평가되었고, 1888년에 증기선 부두가 건설되었다. 1965년 유전 개발이 활발하게 진행되면서 많은 노동자가 이주하며 인구가 급증했다. 이후에 교육 기관, 거주지, 공공시설 등이 신설되면서 도시의 모습을 갖추기 시작했다. 1971년 공항이 최초로 건설되었다. 1972년 3월에는 최고 소비에트 상임위원회 법령에 의해 니즈네바르톱스크시로 개칭되었고, 같은 해 10월 니즈네바르톱스크–모스크바 항공로가 연결되었다. 철도는 1975~76년 수르구트와 연결되었고, 1980년대부터 예카테린부르크까지 연결되었다. 1970년대 후반부터 1980년대 초까지 타타르스탄과 바시코르토스탄 지역에 매장된 석유가 점차 고갈되었다. 이로 인해 석유 산업 중심이 서부 시베리아로 이동했고 많은 타타르인과 바시키르인 석유 산업 노동자가 니즈네바르톱스크로 이주해왔다. 1980년에는 이 지역 사모틀로르 유전의 석유 생산량이 최고치인 연간 15,880만t을 기록하기도 할 정도로 절정을 이루었다. 1985년 9월에는 미하일 고르바초프 서기장이 방문하기도 했다.

도시의 주요 산업은 석유화학 산업으로 전체 62%를 차지한다. 석유화학 가공, 기계 및 장비 생산, 건축 및 식품가공 등 제조업이 28%를 차지한다. 석유화학 산업의 발달과 함께 도시는 점차 현대화하고 도시 인프라가 재정비되었다. 인구는 2000년대 이후로 꾸준히 증가하고 있으며, 민족 구성은 러시아인이 약 60%를 차지하고, 타타르인과 우크라이나인, 바시키르인이 각각 9%, 6%, 3%를 차지한다. 이 밖에 한티인, 만시인과 같은 토착 원주민도 거주한다.

3) 네프테유간스크

네프테유간스크는 러시아 한티만시자치구에서 인구가 세 번째로 많다. 수르구트, 니즈네바르톱스크와 마찬가지로 석유화학 산업을 중심으로 산업적 잠

[그림 2-7]
네프테유간스크시의 상징 (출처: 위키피디아)

재력이 크다. 네프테유간스크는 한티만시 자치구 남동부에 있으며 서시베리아 평야 중앙부를 차지한다. 오비강과 합류하는 유간스크 오비강 운하의 서부에 걸쳐 있다. 수르구트, 니즈네바르톱스크와는 달리 네프테유간스크의 역사는 비교적 짧다. 1961년 미하일 베트로프가 이끄는 탐사단이 유전을 탐사하면서 이 지역이 관심을 받기 시작했다. 1960년대에 유전이 발견되고 석유 생산이 본격화되면서 60년대 말에 송유관과 함께 도시 인프라가 구축되기 시작했다. 1984년에는 유간스크 오비강 수로를 가로지르는 다리가 개통되었고 2000년에는 오비강을 가로지르는 다리가 건설되었다. 다리 건설 이전에 여름에는 주로 소형 선박으로, 겨울에는 얼음 교차로를 통해 이동했다.

2000년대 초 유간스크네프테 가스사는 유코스 석유사의 소유가 되었다. 2004년 12월 이후 해당 기업은 석유 회사 로스네프티로 속하게 되었고 현재에는 NK 로스네프티의 자회사인 유간스크네프테가스이다. 네프테유간스크는 수르구트, 니즈네바르톱스크와 마찬가지로 2000년대 이후 인구가 꾸준히 증가해 현재 12만 7천여 명이 거주하고 있다.

4) 한티만시스크

한티만시스크시는 한티만시자치구의 행정 수도이다. 서시베리아 평원의 이르티쉬강와 오비강이 합류하는 지점에 있다.

한티만시스크는 1582년 사마라인과 예르마크 군대가 전투를 벌였던 마을로

'시베리아 쿤구르스카야 연대기'에서 최초로 언급되었다. 1620~30년대에 사마롭스키 마을이 형성되었다. 1708년 사마로보는 시베리아주의 일부가 되었다. 1930년대부터 사마로보 지역에 생선 통조림 공장 건설이 시작되었고 어업 활동이 활발히 진행되었다. 1930년 소비에트 중앙집행위원회 결의안이 발표됨에 따라 이 지역이 오스탸코보굴스크로 명명되었다. 1930년대 초기에 우크라이나, 볼가 지역, 우랄 지역, 시베리아 남부 지역에서 파견된 노동자가 이 지역에 거주하기 시작했다. 여러 산업 단지가 개발되었고 이 지역에 기존에 거주했던 한티인과 만시인은 다른 지역으로 이동해야 했다.

[그림 2-8]
한티만시스크시 기 (출처: 위키피디아)

1940년 10월에 행정 중심지가 한티만시스크로 개칭됐는데 이는 한티와 만시 두 가지 고유 이름을 활용한 것이었다. 1950년에 한티만시스크 촌락이 도시 지위를 인정받았고, 1953년에 북극 토착 민족의 구주택이 한티만시 문화의 집으로 탈바꿈했다. 뒤이어 1957년에는 한티만시스크 지방 민속 예술관이 설립되었고 농촌 지역에서도 여러 조합이 신설되었다. 이 지역 또한 튜멘 지역의 유전 발견으로 도시가 급발전했다. 유전 탐사가 활발히 진행되었고, 텔레비전 센터, 도시 인프라가 구축되었다.

1991년 보리스 옐친 대통령이 한티만시스크를 방문하여 '주권을 원하는 만큼 가져가라'라는 슬로건을 선포하기도 했다. 이에 따른 결과로 지역 개발과 석유·가스 수입 분배에 따른 수익을 지역 중심지인 튜멘에서 각 지방 수준으로 옮기기 위한 운동이 시작되었다. 1993년 한티만시스크 지구는 러시아연방 주체로 인정받아 독자적인 예산 편성을 분배받기로 했다. 1995년 3월 러시아 하원인 국가 두마가 러시아연방 주체인 한티만시자치구 수도로 한티만시스크의 지위를 인정하는 법안을 채택했다.

1990년대에만 해도 한티만시스크주는 주로 오래된 2층 목조주택으로 이루어져 있었다. 건물 대부분이 중앙난방 체계로 이루어졌으며 편의시설이 충분하지 않았다. 2000년대에 러시아 최대의 석유·가스 개발의 중심지로 부상하면서 인구가 세 배 이상 증가했다. 이후 콘크리트 주택으로 이뤄진 새로운 현대식 건물과 도로가 건설되었다. 현재에는 유그라 주립대학을 비롯한 현대 의료기관과 스포츠센터, 문화센터 등이 갖춰진 경쟁력 있는 도시로 거듭났다.

인구는 1990년대 이후 대체로 증가했으며, 2020년에는 인구 10만 명을 넘어섰다. 러시아인이 약 70%를 차지하며 타타르인과 한티인, 우크라이나인이 각각 5%, 4%, 3%를 차지한다. 도시의 주요 산업은 식품 가공업, 수산물 가공업, 육류 유제품 생산 등 제조업이며, 다양한 중소기업이 활동하고 있다. 특히 이 지역에서 비교적 편리한 교통을 바탕으로 무역업, 금융업과 서비스업도 상당히 발달해 있다.

5. 경제

1) 주요 산업

한티만시자치구는 산업 생산, 전기 생산, 석유·가스 생산, 고정자본에 대한 투자에서 러시아연방 내에서 1위를 차지하고 있다. 탄화수소 매장량, 생산 능력, 생산 인프라 상태 및 개발 수익성 측면에서 러시아의 핵심 중심지로 기능하고 있다. 2018년 한티만시자치구에서 2억 3,650만t의 석유가 생산되었고 석유 생산량 측면에서 러시아 내 1위를 기록했다. 2019년 1월 1일 기준 한티만시자치구 내 유전 개발(64년 이후)이 시작된 이래 누적 원유 생산량은 117억t에 달한다. 한티만시자치구 내 1인당 투자액은 전국 평균보다 4.6배 높다.

한티만시자치구의 전력 생산량은 864억 KWh, 석유 생산량 2억 3천 6백 5십만t으로 러시아연방 내 1위를 차지하고 있다. 산업 생산 면에서는 47,353억 루블, 가스 생산량 360억cub.m 으로 2위를 차지하고 있다. 러시아연방 내 고정자본에 대한 투자 면에서는 3위를 기록하고 있다.

한티만시자치구의 경제는 사회 지향적이며, 인구와 경제 주체들의 요구에 부응하고 있다. 이와 함께 시는 공익사업의 현대화와 소규모 제조업의 창출에 유리한 환경을 조성한다. 도시에서는 인구 증가, 주거용 건물 및 사회시설 추가 부지 도입에 따른 '전기·가스·수도 생산·보급' 활동 유형에 대한 생산량이 증가하고 있다.

제조업 중에서는 목재 가공 및 목재 생산 산업의 지표가 성장하고 있다. 어류 가공 공장은 활동을 늘리고 있다. 건설 산업은 지난 몇 년간의 업무량과 서비스의 체계적인 증가에서 증명되었듯이 국토의 경제적 잠재력을 실현하는 데 큰 기여를 하고 있다.

한티만시자치구는 석유·가스 개발에 따른 역동적인 경제 활동을 바탕으로 비교적 우호적인 투자 환경이 조성됐다. 투자 매력도 평가에서 러시아 연방 주체 자치구 중에서 선도적인 위치를 차지하고 있다. 한티만시자치구의 투자 포트폴리오에는 총 670억 루블 규모의 92개 투자 프로젝트가 포함돼 있다.

경제적 잠재력 발전에 기여하는 중요한 요소로 도시의 교통체계를 꼽을 수 있다. 한티만시자치구에서 동쪽 방향으로 고속도로 건설과 서부의 이르티시강 위에 다리를 건설하는 것은 자치구 행정도시와 역내 각 지역뿐만 아니라 우랄 지역과 시베리아 지역 도시 간의 정기적인 교통 연계를 가능하게 했다. 교통망의 추가 확대와 물류센터 건립은 도시 발전의 일정한 잠재력을 줄 수 있지만, 도시의 환경에 지장을 주지 않도록 균형적인 성장이 필요하다. 한티만시자치구는 다른 도시와의 기존 물동량 수용 요건과 취약한 물류 인프라 등을 고려해 한티만시스크에 물류 거점지를 개발할 계획이다.

대표 기업

한티만시자치구의 대표 기업으로는 루스네프티, 루코일, 수르구트네프테가스 등이 있다. 다음 [표 2-2]에서 한티만시자치구의 대표 기업과 산업 분야를 확인할 수 있다.

[표 2-2] 한티만시자치구의 석유산업 대표 기업과 산업 분야

대표 기업	자회사	설명
루코일	루코일- 자파드나야 시비리	루코일은 세계 최대 규모의 수직통합형 석유·가스 기업 중 하나로 세계 석유 생산량의 약 2%와 검증된 탄화수소 매장량의 약 1%를 차지하고 있다.
루스네프티	자파드노- 말로발린스코예	러시아의 석유 회사로서, 러시아에서 가장 큰 석유 제품 생산국 중 하나이다.
시비르에너지	'마그마' 석유회사	석유제품의 석유생산과 생산 및 도매를 하는 업체이다.
슬라브네프티티	슬라브네프티- 메기온네프테가스	러시아에서 가장 큰 10개의 회사 중 하나인 슬라브네프티의 자회사이자 석유생산 기업이다.

대표 기업	설명
수르구트네프테가스	러시아에서 가장 큰 석유회사 중 하나이다. 국내 석유 생산량의 약 13%, 러시아 석유회사들이 생산하는 가스의 25%를 차지한다.
유간스크네프테가스	러시아에서 가장 큰 광산 회사 중 하나이다. 한티만시 자치구에 서시베리아 28개 필지를 개발 중이다.

출처: www.metaprom.ru

[표 2-3] 한티만시자치구의 전력산업 대표 기업과 산업 분야

대표 회사	설명
튜멘에네르고	서부 시베리아에서 가장 큰 전력 유통 회사이다.
수르구트스카야 그레스[1]-1	설치 용량으로 러시아에서 네 번째로 큰 화력발전소다.
수르구트스카야 그레스-2	러시아에서 가장 큰 화력발전소다. 4번 회사에 포함된다.
니지네바르톱스카야 그레스	이 발전소는 우랄 연방지구에 있는 전기 공급업체 중 하나이다.

출처: www.metaprom.ru

[표 2-4] 한티만시자치구 주요 목재 관련 회사

대표 기업	자회사	설명
니지네바르톱스카야 그레스	레소필느예 자보드 유그리	러시아에서 가장 큰 벌목 및 목재 생산 회사 중 하나이다.
	LVL[2]-유그라	러시아 및 기타 CIS 국가에서 유일하게 적층 베니어 목재 제조업체이다.

출처: www.metaprom.ru

2) 지역 주민소득

[표 2-5]
지난 10년간 한티만시자치구 평균임금 변화 (2019년 기준)

년도	평균임금(루블)
2010년	41,315
2011년	45,498
2012년	50,841
2013년	54,508
2014년	57,976
2015년	60,068
2016년	63,568
2017년	66,719
2018년	71,000

출처: www.eurocredit.ru

한티만시자치구의 평균임금(2019년 기준)은 6만 6,308루블이다. 한티만시스크의 급여는 7만 8,004루블에 달했다. 러시아연방 통계청에 따르면 2019년 1월 월평균 수익률은 지난해 같은 기간에 비해 2.9% 증가했다. 물가상승률 변화를 감안해 2019년 2월 실질임금은 2018년 2월 대비 0.2% 인상됐다. 월 평균 임금을 기준으로 한티만시자치구는 러시아연방 중 8위를 차지한다. 우랄연방관구의 연방 주체 중에서는 2위로 야말로네네츠자치구 다음으로 높은 순위를 기록하고 있다.

2019년 1월 1일부터 최저임금이 1만 1,280루블로 결정되었다. 이와 함께 한티만시자치구에서는 북극지역 및 이에 준하는 지역의 근무경력 임금에 대해 지역별 계수와 비율수당을 적용한다. 수당을 통해 자치구의 월 최저임금은 1만

[표 2-6]
한티만시자치구 직종별 평균 임금 (2019년 기준)

지역경제 부문	평균임금(루블)
컴퓨터, 전자 및 광학제품 제조	107,008
코크스 및 석유제품의 생산	94,780
원유 및 천연가스 추출	90,536
항공 운송 분야	88,655
채굴분야	84,822

출처: www.eurocredit.ru

[표 2-7]
한티만시자치구 직종별 저임금순 (2019년 기준)

지역경제 부문	평균임금(루블)
어업 및 양식업	36,019
농작물 및 가축생산, 사냥 및 관련 서비스	35,895
식품 생산직	31,247
고무 및 플라스틱 제품 제조	21 897
직물제조	12,232

4,664루블에서 2만 8,200루블까지 차이가 난다. 2018년 4분기 1만 4,471루블에 달했던 최저생계비율을 보면 이 지역은 러시아 연방 11위를 차지했다.

6. 사회문화

1) 인구 구성

한티만시자치구의 인구수는 1990년 이래로 증가하고 있다. [표 2-8]에서 확인할 수 있듯이 1990년 120만 명에서 2015년에는 약 30만 명 증가한 160만 명이 이 지역에 거주한다. 러시아연방 통계청에 따르면 한티만시자치구 인구는 2020년 1월 기준 1,674,676명으로 러시아에서 29위, 우랄연방관구에서는 4위를 차지하고 있다. 인구밀도는 3.13명/km²이며, 도시 인구는 92,51%, 농촌인구는 7.49%를 차지하고 있다. 이처럼 1990년 이래 2020년까지 인구수는 꾸준히 증가했다. 한티만시자치구는 러시아에서 전통적으로 출산율이 가장 높은 곳이다.

[표 2-8] 한티만시자치구 인구수 변화

년도	인구 수
1990년	1,267,030
2000년	1,359,646
2005년	1,469,011
2010년	1,532,243
2015년	1,612,076
2020년	1,674,676

출처: 위키피디아

한티만시자치구의 인구구성은 러시아인이 68.1%로 가장 높고, 그다음으로 타타르인 7.1%, 우크라이나인 6.0%, 바시키르인 2.4%, 아제르바이잔인 1.7%를 기록하고 있다.

2) 교육

한티만시자치구에는 63개의 교외학교가 있다. 벨로야르스키, 베레조프스키, 콘딘스키, 네프테유간스크, 니즈네바르톱스크, 옥티아브르스키, 수르구트, 한티만시스크 지역에 위치한다. 이들 학교의 총 학생 수는 4,606명이다. 63개 단체가 이 지역에서 추가 교육 서비스를 제공하고 있다. 가장 인기 있는 부가교육은 미술, 스포츠, 생태학, 생물학이다. 5~18세 어린이 8만 2,000명이 추가 교육 수업을 듣고 있다.

한티만시자치구의 28개 학교에서 학생들은 한티어, 만시어, 네네츠어, 코미어 등 원주민의 고유 언어와 문학을 공부한다. 이주민 가정의 어린이들을 위해 러시아어 특별 적응 과정이 제공된다. 학교 커리큘럼에는 토착어, 토착문학, 지역사학, 지리, 생태와 역사, 게임과 어업관리, 북방민족의 전통문화 등 8개 분야가 있다. 추가 교육 학교들은 구슬 짜기, 민족 스포츠, 전통 민족 공예 강좌를 제공한다.

전통적으로 직업교육은 지역경제에 적합한 노동력의 주요 원천이었다. 직업학교 및 대학 학생의 90%는 석유 생산, 토목 공학, 발전 및 운송, 농업 및 목재 산업 관련 분야를 전공한다. 정부는 재능 있는 아이들과 젊은이들에게 상당한 관심을 기울이고 있다. 이들은 학술대회와 경연대회 참가를 지원받는데, 가장 재능 있는 이들은 구지사 보조금을 받는다. 성적이 가장 좋은 학생들은 특별장학금을 받는다.

한티만시자치구에는 8개 대학과 22개 분교가 있다. 유명 대학으로는 한티만시스크주립 의학아카데미와 유고르스키 주립대학교 등이 있다.

[표 2-9] 한티만시자치구 내 대학교

번호	지역	대학교	설립 년도
1	니즈네바르톱스크	응용에너지 대학교	2003
2	니즈네바르톱스크	서시베리아 금융 및 법률 대학교	1997
3	니즈네바르톱스크	니즈네바르톱스크 주립 대학교	1988 1992
4	수르구트	수르구트 주립 교육대학교	1986 1995
5	수르구트	수르구트 주립 대학교	1993
6	수르구트	수르구트 세계경제기업대학교 '플라네타'	1992 1996
7	한티만시스크	한티만시스크 주립 의학아카데미	1999
8	한티만시스크	유고르스키 주립대학교	2001

출처: 위키피디아

3) 관광지

이 지역에는 주립미술관, G. S. 레이셰프 갤러리-스튜디오, 6개 국립박물관을 포함하여 35개의 박물관과 그 분관이 있다. 이고셰프(소련 인민예술가) 자택 박물관, 지질학, 석유·가스 박물관, 자연과 인간 박물관, 야외 민족학 박물관 '토룸마' 등이 있다.

한티인, 만시인, 네네츠인 등 많은 원주민이 여전히 이곳에서 전통적인 삶의 방식을 유지하고 있다. 이들의 생활방식을 체험할 수 있는 관광 프로그램이 운영 중이며, 니즈네바르톱스크, 한티만시스크, 수르구트, 베레조보, 벨로야르스키 지구의 원주민 마을에서 체험해볼 수 있다.

인간과 자연 박물관

인간과 자연 박물관은 이 지역에서 가장 오래된 박물관으로, 소장품들은 고대 사냥꾼의 화살에 맞은 매머드 척추뼈를 포함한 독특한 고고학적, 고생물학적 유물들과 중세 초기의 우르그인 문화와 생활용품들을 포함하고 있다. 박물관의 구역 중 하나는 고대 동물들의 청동 조형물을 전시하는 독보적인 관광명소 '아르쇼파크'이다.

지질학석유가스박물관

2003년에 문을 연 이 박물관은 지역 특성을 잘 살렸다. 박물관 소장품들은 지질 탐사, 서시베리아 영토에서 석유·가스 산업 발전과 관련된 35,000개 이상의 품목을 포함하고 있다.

한티만시자치구에는 몇 개의 독특한 현대 문화센터가 있다. 공연장 '우그라클래식'은 면적 2만 평방미터에 달하는 다기능 시설로 국내외 규모의 다양한 문화·회의 행사를 개최할 수 있다. 수르구트 어린이 필하모닉홀은 2012년 대대적인 재건축을 마치고 최근 재개관한 곳으로 관악기, 교향악단, 실내 러시아 민속악단 '스베틸렌 합창단' 등 6개 공연단이 입주해 있다. 지난 5년간 한티만시자치구는 지역 정체성을 반영한 지역 문화 브랜드 시스템을 개발했다.

매년 한시만시스크는 며칠에 걸쳐 국제적인 영화 플랫폼이 된다. 국제 데뷔 영화제 '불의 영혼'이 열리는데, 한티만시자치구 정부와 문화부가 2002년 출범시켰다. 한티만시자치구는 토착민들의 민속 축제인 '까마귀의 날'과 젊은 피아노 연주자 대회인 '마법의 건반'

과 '백색의 공간' 축제, 러시아 영화제인 '러시아식 사랑'과 젊은 바람개비, 드럼 연주자 대회인 '유그라의 별자리' 등 지역 규모의 문화 행사로도 많이 알려져 있다.

한티만시자치구는 휴양과 관광 분야 발전을 위한 독특한 자연, 문화, 역사적 자원을 자랑한다. 자치구 구역은 박물관, 극장, 고고학 유적지 등 다양한 역사 문화 명소, 교육, 레크리에이션, 활발한 관광을 위한 현대적 기반 시설을 갖추고 있다.

[그림 2-9] 한티만시스크 지질학석유가스박물관 (출처: 위키마피아)

미주

1 ГРЭС: государственная районная электростанци 국가지역발전소

2 Laminated Veneer Lumber : 적층 베니어 목재

제3장

크라스노야르스크변강주

1. 역사

크라스노야르스크변강의 역사는 예니세이강 유역에서 시작되었다고 볼 수 있다. 예니세이강 주변에서 구석기시대(1만 2천~2만 년 이전)와 금석병용시대에 살았던 인류의 흔적을 찾아볼 수 있다. 기원전 2천 년경에 예니세이강 주변에서 살았던 여러 부족 중 사모예드인이 크라스노야르스크변강의 시조라고 할 수 있다. 이 밖에도 이 지역에는 만주 퉁구스인과 튀르크인, 고시베리아인 등이 순록 사냥과 사육, 낚시 등을 주요 생활 방식으로 하며 생활했다.

러시아인이 크라스노야르스크 지역에 처음으로 발을 들여놓은 시기는 16세기 중엽이다. 러시아인은 예니세이 강가에 두딘카 마을을 건립했다. 러시아의 다른 북극 지역과 마찬가지로 러시아 역사에서 두딘카 마을이 처음으로 언급된 자료는 1667년 야삭(조세 납부)과 관련해서였다. 16세기 중엽 이후 러시아 제국은 이 지역을 전부 편입시켰고, 러시아 제국 이주자들은 이 지역 원주민을 통틀어 사모예드라고 부르기 시작했다.

1628년 러시아 제국은 이 지역에 크라스니야르(Krasnyy Yar)라는 요새 도시를 세웠다. 1822년 시베리아 지역은 러시아 황제의 명에 따라 동부와 서부로 나뉘었다. 동쪽에 이르쿠츠크 지방이 형성되었고 다시 이 지역은 예니세이주와 야쿠트주로 나뉘게 되면서 크라스노야르스크가 이 지역의 중심 도시가 되었다. 그 후 1840년경 이곳에서 금광이 발견되고 1890년경에 시베리아횡단철도가 건설되면서 급속한 발전을 이룩했으며 1917년 10월까지 예니세이주는 행정구역의 큰 변화 없이 유지되었다. 1925년 시베리아변강이 생기면서 예니세이주가 시베리아변강에 속하게 되었고, 1930년 7월 30일 소련 중앙집행위원회의 결정에 따라 동시베리아변강으로 바뀌게 되었다.

크라스노야르스크변강은 1934년에 신설되었으며, 동시에 타이미르자치관구와 에벤키자치관구, 하카시아주가 설립되었다. 스탈린 시절에는 많은 수의 러시아인, 우크라이나인, 벨라루스인과 다른 소수민족들이 소련 당국에 의해 크라스노야르스크 변강으로 강제 이주되었다. 알루미늄 제련과 조선업 산업이 발달하였으며, 1971년에 크라스노야르스크 수력발전소가 건설되었다. 1997년 11월에는 크라스노야르스크에서 일본 하시모토 류타로 수상과 보리스 옐친 대통령이 정상회담을 했고, 쿠릴열도 영토 문제를 해결하고 평화조약을 체결하는 것을 목표로 한다는 내용의 크라스노야르스크 합의를 체결하기도 했다. 1992년부터 2007년까지 타이미르자치관구와 에벤키자치관구가 크라스노야르스크변강과 분리되어 있었지만, 2005년 4월 17일 주민투표에 의해 크라스노야르스크변강으로 통합되었다.

2. 지리 · 자연 · 환경

1) 지리

크라스노야르스크변강주는 모스크바에서 동쪽으로 3,354km 떨어져 있다. 시베리아 중부에 위치하며, 러시아 시베리아연방관구의 동시베리아 경제지구에 속한다.

총면적은 2,339,700km^{2}으로, 사하공화국국 다음으로 러시아연방에서 두 번째로 넓고, 연방 총면적의 13%를 차지한다. 남북 길이는 3,000km, 동서 길이는 1,250km에 달한다. 행정 중심지는 크라스노야르스크이다.

동쪽으로 사하공화국과 이르쿠츠크주, 남쪽으로 티바공화국과 하카시야공화국, 서쪽으로 케메로보주, 톰스크주, 한티만시자치구, 야말로네네츠자치구와 접한다. 북쪽에는 카라해와 랍테프해, 북극해로 둘러싸여 있다.

[그림 3-1] 크라스노야르스크변강주 위치 (출처: 위키피디아)

크라스노야르스크변강주의 산림 면적은 1억6,810만 헥타르로 영토의 69%가 숲으로 덮여 있다. 숲은 88%의 침엽수로 이루어져 있다. 산업용 목재 보유량은 러시아 전체 목재 보유량의 18%인 144억 m3로 추정된다. 러시아 목재 보유량의 10%가 이 지역에 집중되어 있다.

이 지역에는 삼림이 풍부해 많은 야생동물이 서식하고 있다. 대표적으로 60만 마리의 야생순록이 서식하며 상업적으로 중요한 회색북극여우, 검은담비, 족제비. 다람쥐 등이 있다. 총 342종의 조류와 89종의 포유류가 서식하고 있다.

2) 자연환경

크라스노야르스크변강주는 시베리아 중부에 위치하며 시베리아연방관구의 절반 가까이 차지하고 있다. 예니세이강을 따라 지역이 둘로 나뉘며 예니세이강은 남쪽의 사얀산맥에서 북쪽의 타이미르반도까지 3,000km에 걸쳐 흐른다. 사하공화국, 이르쿠츠크주, 티바공화국, 하카시아공화국, 케메로보, 톰스크주, 튜멘주와 접하고, 북극 카라해와 라프테프해와 접하고 있다.

이 지역은 북극해 유역에 위치해 있다. 크라스노야르스크변강주를 통해 흘러드는 많은 강이 그 유역으로 흘러 들어간다. 이곳의 주요 강은 예니세이강이며, 그 지류(남에서 북으로)는 칸강, 앙가라강, 팟카메나야 퉁구스카강, 니즈나야 퉁구스카강, 다나마강이다. 이 지역의 강에는 철갑상어, 선어, 백어 등 30여 종의 상어가 있다. 북부 지역에는 약 60종의 어류가 살고 있다.

크라스노야르스크변강주에는 30만 개가 넘는 호수가 있다. 타이미르호는 유라시아 북부에서 가장 큰 호수로 4,560Km^2 면적을 차지한다. 대부분의 호수는 북극권에 위치하며 여름에는 타가르스크, 우춤, 인골 등 호수가 관광객들에게 인기를 끌고 있다.

변강주 해안에는 많은 섬이 있으며, 시비랴코프섬, 노소크섬, 딕슨섬, 번섬, 브레호프스키예섬(예니세이만의 섬), 크레스토프스키섬, 즈베로보이섬이 유명하다. 이 외에도 리카체바섬, 가브릴로바섬, 벨루카섬, 프로돌고바티제도, 노든스키홀드군도, 퍼른리제도, 하이베르크제도, 스타로카돔스키섬, 말리타이미르섬, 콤소몰스카야프라브다섬, 콤소마섬이 크라스노야르스크변강주에 속해 있다. 이 지역의 가장 높은 지점은 2,922m(9,587ft)의 동사얀산맥 그란디오즈니봉우리다.

크라스노야르스크의 기후는 급격한 대륙성 기후로 연중 대기 온도의 변동이 심한 것이 특징이다. 인구가 적은 편이다. 북부와 중부 지방은 겨울이 길고 여름이 짧은 대륙성 기후가 특징이며, 중앙은 덥고 북부는 서늘하다. 평탄한 지대를 특징으로 하는 중부 지방은 비옥한 토양으로 비교적 짧은 여름과 길고 추운 겨울, 급격한 기온 변화가 특징이다. 남쪽은 따뜻한 여름과 적당히 눈이 내리지 않는 편이다. 가장 추운 시기인 1월 평균기온은 북쪽이 −36℃, 남쪽이 −18℃이며, 여름인 7월의 평균기온은 각각 +10℃와 +20℃를 기록한다.

광물자원

크라스노야르스크 지역은 러시아에서 광물 자원 매장량이 많은 지역으로 손꼽힌다. 이 지역에는 석유, 가스, 철광석, 석탄, 비철 및 희귀 금속, 비금속 광물이 매장되어 있다. 석탄 매장량 106개, 이탄 매장량 193개, 이탄 및 비철금속 매장량 66개, 비철금속 및 비철금속 매장량 301개, 귀금속 301개, 비금속 매장량 94개 등 총 1,200개 이상의 광물 매장지가 발견되었다. 360여 개의 광물(건축석, 모래, 자갈 혼합물, 팽창된 점토 혼합물, 모래), 119개 이상의 담수, 12개의 지하수 광물 퇴적지, 33개의 탄화수소 원료 퇴적지. 백금과 플라티노이드, 구리, 니켈 광석의 주요 매장지가 개발되었으며, 주요 매장량은 타이미르 반도를 포함해 크라스노야르스크변강주의 북부 지역 위치해 있다. 노릴스크 광구(노릴스크-1, 옥티아브르스코예, 탈나크스코예 퇴적물)는 구리, 니켈, 코발트, 백금 등을 추출하는 곳으로, 세계적으로 유명한 지역이기도 하다.

수자원

크라스노야르스크변강주는 예니세이강을 중심으로 풍부한 수자원을 자랑한다. 예니세이 지방에는 러시아 최대 규모의 수력발전소가 있으며, 크라스노야르스크변강주 전 지역에는 20개의 수력발전소가 있다. 대표적인 수력발전소로는 연간 20억 kWh의 전기를 생산하는 크라스노야르스크 수력발전소와 연간 18억 kWh의 전기를 생산하는 바구찬스크 수력발전소가 있다. 이 외에 쿠레이스크 수력발전소, 우스치-한타이스크 수력발전소, 에벤스크 수력발전소, 니즈니안가르스크 수력발전소 등이 있다. 전기에너지 사업 중 화력발전소 역시 빼놓을 수 없는데, 주요 화력발전소로는 베료좁스크 화력발전소가 있으며 연간 7억 kWh의 전기를 생산한다. 2007년 전기 에너지 분야의 수익은 508억 루블이고, 2008년 전기 에너지 생산량은 전년도 대비 105.5% 증가한 602억 kWh이다.

크라스노야르스크변강주를 통과하는 강은 러시아 전체 강 흐름의 약 20%를 차지하며, 북해로 흐른다. 크라스노야르스크변강주는 15만 개 이상의 강과 하천을 포함한다. 가장 큰 강은 예니세이강이다. 수많은 지류가 모이는 예니세이강, 카라해와 라프테프해로 흐르는 피아시나강, 타이미르강, 카탕가강이 자연 교통 체계를 이루며 북해로 흐른다. 강은 중부 시베리아의 산업 및 교통 중심지인 크라스노야르스크와 이 지역의 북부 지역을 연결하고 있으며, 특히 예니세이강을 따라 북해 항로로 이어질 수 있다. 예니세이강 하류에는 이가르카와 두딘카의 항구가 위치하며, 해상 선박을 수용하는 장비를 갖추고 있다. 북극 지역에서 항해는 여름에만 가능하지만, 쇄빙선을 동반할 경우 연중 내내 가능하다. 예니세이강 중류에 위치한 크라스노야르스크와 레소시비르스크 항구는 내륙 및 해상용 선박 모두 이용가능하다.

3. 수로와 교통

크라스노야르스크변강주는 시베리아연방관구의 주요 교통, 물류, 운송 중심지이며 항구, 철도, 도로, 항공을 통해 이루어지고 있다.

1) 항구

두딘카항

두딘카항은 2012년 국제적 지위를 부여받아 북극항로에서 의미 있는 북극해 항으로 예니세이강 우측에 두딘카강 어귀에 위치하고 있다. 세계에서 유일하게 봄철 홍수 때 침수되며, 바다와 강의 항구로 동시에 운영된다.

항구는 1935년 노릴스크 광산 및 야금 공장 건설에 물자를 공급하기 위해 건

[그림 3-2] 두딘카항(출처: 위키피디아)

설되었다. 1936년에는 40m의 목재 부두, 항구 내 철도와 화물보관 창고가 건설되어 그 해에만 5만t의 화물을 수동으로 하역했다. 1939년에는 석탄 부두가 건설되었으며, 같은 해 6개의 작은 배와 견인선과 2개의 바지선을 보유했다. 1978년 예니세이강에서 운행할 수 있는 소형 쇄빙선이 등장하면서 두딘카항은 연중무휴로 돌아간다.

이가르카항

이가르카항은 예니세이강 기슭에 위치한 러시아 북극 항구로서 크라스노야르스크변강주 이가르카시에 있다. 예니세이강 최남단에 있는 항구로 주로 목재 및 목제품을 수출하기 위한 환적항으로 운영된다.

1924년 예니세이주 우스트항은 목재 환적을 위해 운영되었지만 작은 수역과 폭풍우로부터 선박을 보호할 수 없어, 1927년 이가르카항으로 이전했다. 1932년 이가르카항에서 55,000m³의 목재와 23,000톤의 흑연을 수출했다. 2년 후 새로운 부두를 건설했고 그 후 이가르카항의 화물 취급 수량은 급격하게 늘어났다. 1957년 이가르카항은 재확장 공사를 거쳤으며 1980년에는 125만 M³가 넘는 럼버(Pilomaterial)를 처리했고, 25척의 대형 선박을 한꺼번에 수용할 수 있게 되었다. 소련 후기에는 북극의 다른 지역과 마찬가지로 황폐해졌으나 2000년대 중반 반코르 석유 가스전 개발을 위한 산업용 장비를 이가르카항을 통해 납품하며 다시 성장하기 시작했다.

크라스노야르스크 내륙항

크라스노야르스크 내륙항은 크라스노야르스크시에 위치하며, 시베리아횡단철도와 예니세이강 그리고 바이칼 고속도로 M53과 교차한다. 항구는 연간 약 400만t의 화물을 수용할 수 있으며 현재는 130만t의 화물을 처리하고 있다. 주로 하역 작업이나 화물 처리, 보관 및 축적, 하선 화물 운송 등의 일을 하며 그 외에도 모래와 자갈 혼합물을 생산하고 유합하는 작업을 한다. 이곳의 주요 화물은 황, 장비, 건축자재, 식품 등이 있으며 갠트리 크레인(gantry crane) 40대, 부유 크레인(floating crane) 7대와 컨테이너 선단을 보유하고 있다.

2) 철도

크라스노야르스크 철도

크라스노야르스크 철도는 러시아 철도공사의 16개 중 하나로 시베리아 남

[그림 3-3] 크라스노야르스크 철도 (출처 - 위키피디아)

부에 있다. 이 철도는 시베리아 서부와 동부를 연결하는 시베리아횡단철도의 중간 부분이다. 철도는 보통 크라스노야르스크변강주와 하카시야공화국을 지나가며 일부는 케메로보주와 이르쿠츠크주를 지난다. 철도 길이는 3,157.9km이며 1898년 크라스노야르스크-노보니콜라예스크시 열차를 시작으로 1899년 크라스노야르스크-이르쿠츠크시 정기 열차가 개통되었다. 1926년 아친스크와 아바칸을 연결해주는 아친스크-미누신스크 철도, 1949년 노보구츠네츠-아바칸 철도와 아바자까지 가는 철도가 건설되었다. 1958년에는 마리인스크시-크라스노야르스크시-지마를 전기기관차로 1959~1960년까지 시범운행 했다. 그 이후로도 계속해서 철도를 늘려갔으며 2003년이 되어서야 정식 러시아 철도공사의 일부가 되었다. 2010년에는 쿠라기노-키질 구간 공사를 시작했다. 크라스노야르스크 철도는 연평균 1,237만 명을 태우고 6,820만t의 화물(석탄, 목재, 광석 등)을 운송했다.

노릴스크 철도

노릴스크 철도는 크라스노야르스크변강주 노릴스크시에 있으며 세계 최북단 철도 중 하나로 광궤(1,520mm)형 철도이다.

1935년 소련 정부는 19세기부터 알려진 '노릴스크 지모비예' 근처에 야금 공장을 건설하기 위해 철도 건설을 시작했다. 이 건설 현장에는 노릴라그 수용소 죄수들이 투입되었으며 이들은 1937년 5월 17일 노릴스크시에서부터 두딘카 항구까지 총 114km의 협궤를 완공했다. 완공 후 바로 다음 날부터 기차가 운

[그림 3-4] 노릴스크 철도 (출처: 위키피디아)

행되었지만, 제방이 무너지며 6월에 운행을 멈추게 되었다. 1941년 1,520mm의 광궤로 전환하면서 다시 운행되기 시작했고 1957년부터는 전기 기관차가 운행했다. 1990년에는 여객 열차는 모두 운행을 멈추기 시작해 1998년도에는 여객 열차는 완전히 사라지게 되었다. 1999년 12월 노릴스크 철도는 노릴스크 니켈(OJSC Noril나 Nickel)에 합병되었다. 현재 야금 공장의 야금 추출물을 수송하는 데 활용되고 있다.

3) 공항

크라스노야르스크변강주는 26개의 공항을 보유하고 있으며 그중 국제 공항으로는 크라스노야르스크시에 예멜랴노보 공항이 있다. 예멜랴노보 국제공항은 연방정부의 'A' 클래스 비행장을 갖춘 중요 공항 중 하나이며 예멜랴노보시에서 북서쪽으로 27km 떨어져 있다. 이 공항은 지역 및 국제 항공 운송을 위한 허브이며 동시베리아에서 가장 크다. 현재 아에로플로트, 노르드스타, 페가스 플라이, 크라스아비아, 아주르 에어 등의 항공기가 운항 중이며 2019년에만 257만 명이 예멜랴노보 공항을 이용해 러시아 내에서 15번째로 많은 사람이 사용했다. 2020년에는 아에로플로트가 우랄, 시베리아, 남부 연방관구와 중국 및 기타 아시아 국가 간 국제선을 운항하며 노르드스타를 포함하여 28개의 항공사는 63곳의 지역으로 운항한다. 가장 인기 있는 노선은 모스크바, 노보시비르스크, 노릴스크, 이가르카, 상트페테르부르크, 이루쿠츠크, 소치이다. 국제선으로는 나트랑, 안탈랴, 싼야, 푸켓 등이 있다.

4. 주요도시

[표 3-1] 크라스노야르스크변강주 주요 도시

주요 도시	인구수(2020년 기준) (단위: 명)
크라스노야르스크	1,093,771
노릴스크	181,830
아친스크	105,531

크라스노야르스크변강주에는 2020년 기준 44개 시군구가 있으며 21개 도시만 1만 5천 명 이상이 살고 있다. 역내 전체 인구의 77.53%가 도시에 거주하고 있으며 농촌에는 22.47%가 살고 있다. 이 지역 주요 도시로는 수도인 크라스노야르스크와 노릴스크, 아친스크가 있다.

1) 크라스노야르스크

[그림 3-5]
크라스노야르스크변강주 기
(출처: 위키피디아)

크라스노야르스크는 크라스노야르스크변강주의 행정 중심지이다. 예니세이강 유역에 있는 크라스노야르스크시는 인구 1,093,771명 (2020년)으로 시베리아에서 3번째로 큰 도시이다. 또한, 시베리아연방관구의 대표부가 자리 잡고 있으며, 시베리아횡단철도가 지나간다.

모스크바로부터 약 3,955km 떨어져 있는 이 도시에 러시아인들이 들어오기 전까지 예니세이 키르기즈공화국의 사람들이 살고 있었다. 그러나 1608년 러시아인들에게 이 땅이 알려지게 되었고 1628년 당시 귀족 안드레이 두벤스키가 지역 부족의 침입을 막고자 요새를 건설함으로 도시가 형성되었다. 당시에는 크라스니 야르(Krasny Yar)라고 불렸고, 1631년에 크라스노야르스크 주변 지역까지 영향력을 넓히게 되면서 크라스노야르스크변강주의 중심 도시가 되었다. 1673년 처음으로 독일 작가인 알브레히트 도빈의 책 '시베리아'에서 '크라스나야르(Krasnayair)'로 언급되었다. 그 후, 1690년이 되어서야 크라스노야르스크는 도시 지위가 부여되었다. 하지만 얼마 지나지 않아 빈부격차로 인해 6년(1695−1700) 동안 크라스노야르스크 폭동이 일어났다.

1735년 시베리아 대로[1]가 생겨 아친스크, 칸스크 등의 도시들과 교류하기 시작하면서 크라스노야르스크의 경제가 발전하기 시작했다. 하지만 그에 비해 1713년 2,500명이 넘던 인구수는 2,000명도 되지 못해 그저 작은 도시에 불과했다. 그 후 1756년에는 처음으로 제철소가 건설되었고 3년 뒤인 1759년에는 성직자들의 자녀를 가르치기 위해 학교가 처음 생겼다. 1784년에는 러시아에서 처음으로 공립도서관이 설립되었다. 1863년에는 예니세이강을 따라 증기선이 운행되었으며 1895년 철도가 개통되고 금 채굴이 허용되면서 크라스노야르스크의 성장이 더욱 가속화되었다.

1920년 동시베리아 군사지구의 중심지였으며 소련 시대에는 시베리아에서 가장 큰 도시였다. 1928년 비행장이 처음 건설되었고 1934년에 크라스노야르스크변강주의 행정 중심지가 되었다. 크라스노야르스크는 알루미늄 정련과 조선업이 발달하였고 시 인근에 1971년에 완성된 거대한 크라스노야르스크 수력발전소가 있다.

2006년 러시아 연방대학 중 처음으로 시베리아 연방대학이 설립되었으며 2012년 4월 러시아에서 14번째로 인구수 100만 명이 넘었다. 2019년 3월 제29회 동계 유니버시아드와 같은 해 12월 세계피겨선수권대회가 열렸다.

2) 노릴스크

[그림 3-6] 노릴스크시 기
(출처: 위키피디아)

노릴스크는 크라스노야르스크변강주 북쪽에 있는 도시로 타이미르반도 남부에 걸쳐 있다. 동쪽으로 약 90km를 가면 예니세이강이 있고, 크라스노야르스크시와는 1,500km 떨어져 있다. 이곳은 세계적인 공업도시이지만 세계에서 오염이 가장 심한 도시 중 하나이며 러시아연방 정부 법령에 따라 외국인 방문을 규제하고 있다. 노릴스크시 인구는 크라스노야르스크변강주에서 두 번째로 많다. 2009년 기준 세계에서 유일하게 최북단에 자리 잡고 있는 20만 명이 넘는 도시였으나, 인구수 감소로 현재는 181,830명(2020년)으로 집계된다. 하지만 인구가 10만 명이 넘는 세계 최북단 5개 도시 중 하나이다.

노릴스크시는 강에서 물고기를 잡을 때 사용하는 판자인 노릴로(Norilo)에서 따온 이름이다. 이 도시의 구리는 기원전부터 사용되었으며, 17세기에는 만가제야(Mangazeya)[2]사람들의 공예품이나 상업의 주요 광물이었다.

노릴스크 시내에 있는 니켈 제련공장 '나데즈다'는 세계 팔라듐의 35%, 백금 25%, 니켈의 20%, 로듐의 20%, 코발트의 10%를 생산하고 있으며, 러시아연방에서 생산되는 니켈의 96%, 코발트의 95%, 동의 55%를 생산한다. 1935년 강제노동수용소 건설과 함께 시작되었고 1939년 3월 공장 가동을 시작했다. 1953년 도시로 등록될 때까지 초기 주민은 오로지 강제 노동을 위한 죄수였으며, 죄수의 수는 1950년대 초 약 7만 명에 이르렀다.

노릴스크시에는 82개의 교육기관이 있으며, 29개의 일반 중등교육기관, 6

개의 김나지움[3]와 1개의 리세[4]가 있다. 고등교육 기관으로는 노릴스크 주립산업대학, 노릴스크 교육대학, 노릴스크 경제대학, 노릴스크 의과대학이 있다.

3) 아친스크

[그림 3-7]
아친스크시 기 (출처: 위키피디아)

아친스크는 크라스노야르스크변강에서 인구가 세 번째로 많은 도시이며, 인구수는 2020년 기준 105,531명이다. 이 도시는 크라스노야르스크시에서 서쪽으로 160km 떨어져 있고, 아르가산맥과 출림강이 있으며, 시베리아 횡단철도가 지나간다. 고고학자에 의하면 아친스크 지역은 세계에서 가장 오래된 거주지 중 하나로 꼽히며 기원전 20,000~28,000년부터 인류가 살았다고 한다. 1641년 7월 25일에 아친스크 요새가 설립되면서 도시가 발달했고, 1683년 화재가 발생하면서 마을은 출림강 유역으로 이동했다. 1804년에는 톰스크주의 첫 번째 도시였으나 1822년에는 예니세이주[5]의 도시로 포함되었다. 19세기에 아친스크는 시베리아의 급속한 경제 발전에 힘입어 주요 도시로 자리매김했으며 모스크바-시베리아 도로가 개통되어 시베리아 귀금속을 운송하는 데 적극적인 역할을 수행했다. 이 시기에 아친스크에는 5천 명이 넘는 주민이 살았으며 500개가 넘는 주택과 무역관이 존재했던 것으로 알려진다. 또 비게기름제조공장, 가죽공장, 맥주공장과 벽돌공장이 있었으며 강에서 도시로 소금이나 곡물 등을 운반하는 운송업이 발달했다.

1990년도에는 러시아의 역사적, 문화적 가치를 지닌 도시로 선정되었다. 이 도시의 최대 기업은 아친스크 알루미늄 공장이며, 이 밖에도 아친스크 시멘트 공장 등이 있다.

5. 경제

1) 주요 산업

크라스노야르스크변강주는 러시아에서 경제적으로 가장 발달한 지역 중 하나이다. 이 지역은 러시아연방 85개 주체 중 지역총생산에서 9위를 차지하고 있으며 러시아 지역 전체 GRP의 50% 이상을 차지하는 10개 지역 중 하나이다.

지역 경제의 근간은 산업 단지인데, 지역총생산 구조에서 산업단지가 차지하는 비중은 약 60%이다. 이 지역의 산업체들은 풍부한 광물 자원 및 에너지 자원을 기반으로 지역 내 시장과 러시아의 다른 지역, 그리고 먼 해외 국가들에 제품을 수출한다.

지역 산업생산 구조에서 비철금속이 40% 이상을 차지하며, 광업(약 30%), 수력 및 고체연료전기(10% 이상)가 뒤를 잇는다. 가장 큰 야금업체는 JSC MMC 노릴스크 니켈, JSC 루살 크라스노야르스크 등이다. 1차 알루미늄 가공 제품은 야금 공장 LLC, SEGAL LPZ LLC, Kik LLC 및 스커드 파운드리 및 기계 공장 LLC에서 생산된다.

이 지역 석유산업의 주요 기업은 로스네프티 그룹사(Vankorneft JSC, 동시베리아 석유·가스 회사 JSC)와 슬라브네프트-크라스노야르스크 석유·가스 LLC이다.

석탄산업의 선도기업으로는 JSC SUEK-Krasnoyarsk와 JSC Krasnoyarsky가 있다.

이 지역 금광업 선도기업은 JSC 폴리우스 크라스노야르스크로, LLC 소브루드니크, CJSC 바실리예프스키 루드니크가 크게 이바지하고 있다. 크라스노야르스크 지역의 기계제작 기업은 군사 목적의 제품을 생산한다. 최대 기업으로는 JSC 크라스노야르스크 기계조성공장, JSC 크라스노야르스크 냉장고공장 등이 있다.

이 지역은 러시아 내 가장 큰 목재 생산 지역 중 하나이며, 그중 상당 부분이 해외로 수출된다. 일자리 창출 규모만 놓고 보면 산림산업은 야금, 기계공학, 광산업에 이어 지역 4위에 해당한다. 700개 이상의 기업체가 이 지역에서 활동하고 있다.

크라스노야르스크변강주는 투자 활동 면에서 러시아의 대표적인 지역 중 하나이다. 자금이 투입되는 지역 경제 분야 중 1위는 연료와 에너지 광물 추출, 2위는 야금 생산이다. 투자자들도 운송과 통신 분야에 관심을 갖고 에너지 분야의 개발 프로젝트에 자금을 대고 있다.

변강주 주요 투자사업 추진의 일환으로 석유 생산이 발전하고 있으며 2016년 9월 반코르 그룹 수순스코예 유전에서 상업용 석유 생산이 시작되었으며, 2017년 초에는 길이 700km의 쿠윰바-타이셰트 송유관이 가동되어 석유생산이 이뤄질 수 있게 되었다.

크라스노야르스크변강주는 시베리아연방관구의 주요 교통, 유통, 교통 중심지다. 시베리아횡단철도는 아친스크부터 레소시비르스크, 레포르모티, 카라불라, 아바칸을 연결하며, 남시베리아 철도와 노릴스크 철도, 그리고 연방 고속도로 R255 '시베리아'와 R257 '예니세이'가 이 지역을 통과한다. 이 지역 주요 고속도로로는 '예니세이 대로'와 아친스크-우즈후르-트로이트스키 고속도로가 있다. 이 지역에는 4개 내륙 항만인 크라스노야르스크항, 레소시비르스크항, 두딘카항, 이가르카항이 있다. 이 지역에서 가장 큰 공항은 크라스노야르스크 국제공항이다.

이 지역은 시베리아연방관구의 주요 농산물 생산국으로 꼽히며 2018년에는 4위를 기록했다. 이 지역의 곡물 총 수확량은 연간 약 200만t 수준이다. 크라스노야르스크변강주는 시베리아 지역 중 곡물과 콩 재배 작물 수확량에서 선두에 있다. 최근 몇 년 동안 농부들은 새로운 작물로 곡물용 유채와 옥수수를 재배하는 데 성공했다. 목축업도 발달해 있다. 이 지역의 낙농업체들은 소목축업을 중심으로 발달하며 소 한 두당 일일 우유 수확량은 시베리아연방관구에서 3위 안에 들 정도이다.

지역 경제 특성

크라스노야르스크변강주는 러시아에서 산업이 가장 발달한 지역 중 하나이다. 이 지역의 풍부한 천연자원 덕분에 수력발전 및 고체연료 전기, 비철금속, 광업, 임업 등 많은 종류의 산업 활동이 발전하고 있다. 동시에 국가 차원뿐만 아니라 글로벌 차원에서도 지역경제의 핵심 부문이 중요한 역할을 하고 있다. 따라서 이 지역은 러시아 전체 니켈의 80%(와 세계 생산량의 20%), 구리의 70% 이상, 일차 알루미늄의 약 30% 및 백금 그룹 금속의 거의 98%를 생산한다. 금 생산량 기준으로 이 지역은 러시아 생산량의 18%를 공급해 러시아 1위, 러시아 전 석유 생산량의 2.5%, 가스 생산량의 0.3%를 공급하고 있다. 크라스노야르스크변강주는 러시아연방의 지역총생산 상위 10개 항목에 꾸준히 포함돼 있다. 지역총생산의 대부분은 산업, 특히 비철금속, 전력, 광공업 및 화학공업, 목재 생산 및 가공과 같은 산업에 의해 제공된다.

지역 경제의 이점은 지역 전기와 원자재의 사용, 지역 내 광산기업의 현대적 기술 수준, 그리고 뚜렷한 수출 요소와 연관되어 있다. 또 이 지역은 러시아에서 생산량이 가장 많은 지역 중 하나이다. 러시아 산업에서 이 지역이 차지하는 비중은 4%이며, 동시베리아 경제권은 40%이다. 지역 총생산 구조에서 약 53%가 산업이고 약 7%가 농업이다. 다년간 존재해 온 천연자원 잠재력은 산업과 생산, 그리고 투자 잠재력을 발전시키기 위한 전제조건을 만들어냈다. 주요 산업 중심지는 크라스노야르스크, 노릴스크, 나자로보, 샤리포보, 칸스크, 젤레즈노고르스크 등이다.

야금산업

전통적으로 역내 기초 산업은 비철금속과 철금속이 결합된 야금산업이다. 이 지역은 총 30개 이상의 중·경·합금 및 희토류 금속과 원소를 생산하는데, 그 중 가장 중요한 것은 알루미늄, 니켈, 코발트, 구리, 백금, 금이다. 이 지역에는 대규모 야금업이 발달해 있다. 비철 야금의 대표주자는 세계 최북단 노릴스크 광공업과 야금조합으로 이 지역 산업생산의 6분의 1을 생산하고 있다. 이 지역은 텔루륨, 게르마늄, 실리콘, 초순도 알루미늄과 같은 무선 전자산업을 위한 고순도 금속 생산을 발전시켰다. 일반적으로 비철금속과 철금속은 지역 산업 생산의 50% 이상을 차지한다. 이들 산업은 이 지역의 대외 경제 활동에도 주도적인 역할을 한다.

광업

야금용 원료는 채굴회사에서 공급한다. 금, 납, 아연, 마그네시아 그리고 다른 광물들의 산업적인 개발이 이 지역에서 진행되고 있다. 현재 업계 생산량의 거의 90%가 비철금속 생산을 위한 원료 추출에서 나온다. 두 번째로 많은 생산량은 석탄 채굴이다. 연평균 석탄 생산량은 5천만 톤이 넘는다.

연료 및 에너지 복합체

그 지역의 특화의 주된 지점은 에너지다. 풍부한 원자재 기반(수력 자원, 갈색 석탄 매장량)이 존재하기 때문에 크라스노야르스크 영토에서 전기를 생산하기에 유리한 조건이 형성된다. 크라스노야르스크 영토에는 20개의 운영 중인 발전소와 1개의 발전소가 건설 중에 있다. 이 지역 내 발전소의 총 설치 용량은 13,910MW이다. 또한, 이곳은 국가가 생산하는 총 전력의 약 6%를 생산한다.

크라스노야르스크 영토는 러시아에서 1인당 전기 생산량에서 2위를 차지하고 있다. 유라시아에서 가장 큰 두 개의 수력발전소가 예니세이강에 건설되었는데, 크라스노야르스크와 사야노슈센스카야 수력발전소이다. 칸스코-아친스크 석탄분지를 기반으로 세계에서 가장 강력한 베레조프스키 GRES-1과 GRES-2로 칸스코-아친스크 연료·에너지 복합단지(카텍)가 조성됐다. 분지의 기존 구간(보로딘스키, 나자롭스키, 베레조프스키)은 매년 전력 기술자의 필요에 따라 약 5천 5백만 톤의 석탄을 공급한다. 석탄의 상당 부분은 노보시비르스크, 이르쿠츠크 등 인근 지역의 열국에 공급된다.

도내 주요 전력소비량(70% 이상)은 광업·제조·생산·유통기관이 차지하고 있다. 크라스노야르스크 영토 내 연료와 에너지 자원의 주 소비층이 에너지 집약적 활동에 주력하는 공단 조직이기 때문이다.

크라스노야르스크변강주의 경제 발전의 최우선 방향 중 하나는 에너지 효율화–기업과 지역 인구의 에너지 자원 소비를 줄이는 것이다. 목표 프로그램인 '크라스노야르스크변강주 지역의 에너지 절약과 에너지 효율 개선'은 이미 이 지역에서 진행 중이며 성과를 내고 있다.

주요 기업

[표 3-2]
크라스노야르스크변강주
주요 도시 및 산업 중심지

도시	인구수
크라스노야르스크	949,000
노릴스크	205,000
아친스크	111,000
칸스크	97,000

출처: www.metaprom.ru

크라스노야르스크변강주는 러시아에서 가장 큰 산업 중심지 중 하나이다. 이 지역은 주민 1인당 공산품 생산에서 국내 지역 중 절대적 선두주자다. 이곳은 러시아 영토에서 생산되는 공산품 총량의 3.2%를 차지한다. 또한, 금속 광석 매장량과 에너지 자원이 풍부하다. 덕분에 이 지역에는 크라스노야르스크 수력발전소, 크라스노야르스크 알루미늄 공장, 아친스크 알루미늄 공장, 크라스노야르스크 야금 공장 등 대규모 야금 복합 시설이 조성되었다. 전국 규모로는 크라스노야르스크 지역이 알루미늄 27%, 니켈 80%, 백금류 금속 90% 이상, 코발트 75%를 생산하고 있다. 크라스노야르스크의 주요 야금업은 굴리도프 기념 크라스노야르스크 비철금속 공장과 고렙스키 광산 및 가공 공장이다. 예니세이강에는 세계 최대 수력발전소 중 20곳이 있다.

[표 3-3] 크라스노야르스크변강주 목공 산업 대표 기업

대표 기업	설명
에니세이스키 CBK	2002년 설립된 이 기업의 주요 생산품은 펄프와 목재이다.
레소시비르스키 LDK	1969년 설립된 이 기업은 페놀-포름알데히드 수지를 바인더로 사용하여 목재 섬유를 가열 압착해서 습식 생산 방식의 목재 섬유 보드를 생산한다.
에니세이레소자보드	에니세이레소자보드는 에니세이레스 회사를 기반으로 1996년에 설립되었다. 주요 생산품은 목재와 몰딩이다. 이 회사의 제품은 독일, 프랑스, 덴마크, 벨기에, 이집트에 수출된다.
노보에니세이스키 LHC	러시아 최대 제재 및 목공 회사 중 하나로 레소시비르스크 시에 있다. 이 회사의 주요 생산 활동은 수출 목재, 하드보드 및 MDF의 생산이다. 이 제품들은 앙가라 소나무, 라지나무, 가문비나무로 만들어진다.
예니세이 목재회사	2004년부터 일본, 덴마크, 독일, 프랑스, 세르비아, 터키에 고급 목재(계획, 앙가라 소나무에서 건조)를 공급하고 있다. 이 회사의 경쟁력은 앙가라 지역의 크라스노야르스크 영토에 있는 자체 벌목 기반이다.
칸스키 LDK	2004년 설립된 이 기업은 목재 가공, 다양한 용도의 목재 제품, 가구를 제외한 목재 및 코르크 제품 등을 생산한다.

출처: www.metaprom.ru

[표 3-4] 크라스노야르스크변강주 화학산업 주요 기업

대표 기업	자회사	설명
로스트네프트	아친스크 정유공장 (휘발유 및 석유제품 생산)	크라스노야르스크 지역 내 유일한 정유 회사로 2007년부터 로스네프티가 소유하고 있다. 100여 종의 석유제품을 생산하고 있으며 연간 700만t의 정유를 생산한다.
시비르홀딩스	크라스노야르스크 합성고무공장	니트릴 부타디엔 고무를 생산하는 최대 기업 중 하나이다. 고무 및 석면제품 제조를 위한 니트릴 부타디엔 고무 생산
보스토크시나 인베스트	크라스노야르스크 타이어공장(자동차 및 항공기 타이어 생산)	동시베리아에서 유일하게 항공기와 자동차 타이어를 생산하는 이 회사는 1960년에 가동되었고, 크라스노야르스크 지역 타이어 시장 선두주자가 되었다.
대표 기업		**설명**
크라스노야르스크 생화학공장		1939년에 설립되어 목재 산업으로 시작했고 이후 1996년부터 알코올 함유 변성 알코올 용액을 생산해 왔다.

출처: www.metaprom.ru

[표 3-5] 크라스노야르스크변강주 비철금속 기업 공장

대표 기업	자회사	설명
루살	크라스노야르스크 알루미늄 공장	크라스노야르스크 알루미늄 공장은 세계에서 두 번째로 큰 알루미늄 공장이다. 2000년 이후 RUSAL의 일부였다. 이 기업은 러시아에서 생산되는 전체 알루미늄의 27%, 전 세계 생산량의 3%를 차지하고 있다.
루살	크라스노야르스크 야금 공장	크라스노야르스크 야금공장은 러시아연방에서 세 번째로 큰 알루미늄 생산 공장이다.
대표 기업		설명
노릴스크 니켈		비철 금속 광석을 생산하고 가공하는 기업이다. 세계 최대 니켈과 팔라듐, 구리와 백금 생산업체 중 하나이다.
굴리도프 기념 크라스노야르스크 비철금속 공장		귀금속 및 석재 채굴 및 가공, 보석 생산 공장이다.
고렙스키 광산채굴 및 가공 공장		크라스노야르스크변강주에서 리메탈(납, 아연)을 생산, 가공하는 기업은 고렙스키 가공공장이 유일하다. 납과 아연 광석을 생산하는 5대 글로벌 기업 중 하나이다.

출처: www.metaprom.ru

[표 3-6] 크라스노야르스크 지역 기계제작 공장

대표 기업	설명
크라스노야르스크 콤바인 공장	크라스노야르스크 콤바인 공장은 콤바인 수확기를 생산하는 대표적인 콤바인 공장 중 하나이다.
크라스노야르스크 산림공학 공장	트랙터를 기반으로 벌목 장비를 생산하는 러시아연방에서 가장 오래되고 유일한 공장 중 하나이다.
크라스노야르스크 중공업 공장	중장비 굴삭기 및 채굴 장비 생산을 위한 기계 제조 산업 공장이다.
시베리아 중기계공장	리프팅 및 운송 장비 시장의 선두 공장 중 하나이다.
크라스노야르스크 트레일러 장비 공장	크라스노야르스크 지역의 트레일러 장비 생산을 위한 선도 공장이다.

대표 기업	설명
크라스노야르스크 기계 공장(KMZ)	크라스노야르스크 지역의 기계 장비 생산 공장이다.
저전압 자동기계의 디브노고르스크 공장	러시아연방 전기 산업의 선두 주자 중 한 곳이다.
크라스노야르스크 전기 설치 제품 공장	케이블 경로 및 패널 제품을 배치하기 위한 제품 생산을 위한 공장이다.

출처: www.metaprom.ru

크라스노야르스크변강주 석유화학 산업은 다음과 같은 발전소로 대표된다.

[표 3-7] 크라스노야르스크 지역의 석유화학 공장

대표 기업	자회사	설명
로스네프티	아친스크 정유사	국내 정유기업이다. 2007년부터 로스네프티 소유.
시부르홀딩스	크라스노야르스크 합성고무공장	니트릴 부타디엔고무를 생산하는 대기업 중 하나이다.
보스토크시나 인베스트	크라스노야르스크 타이어 공장	동 시베리아에서 유일하게 항공 및 자동차 타이어를 생산하는 공장이다.
아토메네고프롬	전기화학 공장	JSC 아토메네고프롬 통합 회사의 일부인 원자력 발전소용 농축 우라늄 생산을 위한 공장이다.
대표 기업		**설명**
크라스노야르스크 생화학 공장		크라스노야르스크 생화학 공장"은 1939년에 설립되어 목재 산업 처리물로 자리 잡았다. 1996년부터 이 공장은 알코올 함유 변성 알코올 용액을 생산해 왔다.

출처: www.metaprom.ru

2) 주민소득

[표 3-8]
지난 한티만시자치구 평균임금 변화(2020년 기준)

년도	평균임금(루블)
2013년	31,675
2014년	34,073
2015년	35,737
2016년	38,103
2017년	40,827
2018년	44,837
2019년	49,454
2020년	48,749

출처: www.bankiros.ru

러시아연방 통계청에 따르면 2020년 크라스노야르스크 지역 평균 월급은 48,749루블 수준이었는데, 현재 환율 기준으로 보면 658달러에 해당한다. 지난 한 해 동안 수도의 주민들은 평균 40,759루블을 받았다. 일반적으로 이 지역의 소득은 경제 위기에도 불구하고 꾸준한 속도로 증가하고 있다.

산업이 발달한 지역에서 기대할 수 있듯이, 크라스노야르크스변강주는 급여 면에서 선두 주자 중 하나이다. 2019년 이곳의 평균 월급은 4만 9,454루블에 달해 국가 지표보다 2,000루블이 높았다. 주민들의 급여는 자체적인 성장률 외에도 최저 임금(최저임금)을 최저생계비로 인상하고, 근로자들은 다수의 인상분을 받는 등 당국의 정책에 영향을 받았다.

[표 3-9]
크라스노야르스크변강주 고소득 직종별 임금(2020년 기준)

지역 경제 부문	평균임금(루블)
채굴	101,666
전문, 과학 및 기술 활동	59,945
금융 및 보험	59,265
의료	45,022
교육	36,670
농업	29,402

출처: www.bankiros.ru

[표 3-10]
크라스노야르스크변강주 인기 직종별 평균임금

지역 경제 부문	평균임금(루블)
회계, 재무 및 은행	36,585
연료 및 에너지, 에너지, 원료 추출	53,524
관리 및 판매	40,674
교육과 과학	30,647
약국	43,592
농업	32,413

출처: www.bankiros.ru

크라스노야르스크 영토는 러시아연방에서 산업적으로 가장 잘 발달한 지역 중 하나로, 천연자원 채굴, 수력 및 전력 산업, 비철금속, 산림 산업에서 높은 지표를 보여준다.

지역 최고 소득자는 원자재와 에너지, 금융과 보험, 그리고 세일즈 분야에서 일하는 전문가들이다. 공무원과 농업 종사자의 급여는 평균 이하로 유지된다.

3) 관광산업

이 지역은 사슴과 개썰매 사파리, 생태관광, 승마, 크로스컨트리, 스키여행, 스파 등 거의 모든 종류의 관광을 개발할 수 있는 거대한 자원을 보유하고 있다.

6. 사회문화

1) 인구 구성

크라스노야르스크변강주 통계청에 따르면 2020년 1월 1일 기준 크라스노야르스크 인구는 2,866,255명으로 러시아연방 내 14위를 차지한다. 인구밀도는 1.21명/평방km이다. 도시 인구 비율은 77%이다. 이 지역 인구의 약 80%가 앙가라 남부에 살고 있는데, 앙가라 남부는 이 지역 영토의 10분의 1에 해당한다.

159개 국적의 대표들이 크라스노야르스크 역내에 살고 있다. 2010년 러시아 인구총조사에 따르면 전체 인구의 민족 구성은 러시아인(88.08%), 우크라이나인(1.34%), 타타르인(1.23%), 독일인(0.79%), 아제르바이잔인(0.58%), 벨라루스인(0.35%), 추바시(0.38%), 아르메니아인(0.38%), 키르기스스탄인(0.38%) 등이다. 한편, 토착 소수민족은 돌간(0.21%), 에벤크(0.16%), 네네츠(0.13%), 야쿠트(0.05%), 케트(0.03%) 등의 순이었다.

2) 교육

크라스노야르스크 지역의 교육 발전 우선순위 방향은 교육의 가용성과 품질 개선, 직업 교육 발전, 지역 경제를 위한 직업 훈련 품질 향상이다. 현재 역내에는 1,000여 개소의 예비 교육기관, 140여 개소의 보충 교육기관, 1,000여 개소의 일반 교육기관이 있다.

[표 3-11] 크라스노야르스크변강주에 위치한 10개 대학교

번호	지역	대학교	설립 년도
1	크라스노야르스크	크라스노야르스크 국립 예술원	1978
2	크라스노야르스크	크라스노야르스크 국립농과대학교	1952
3	크라스노야르스크	V. F. 보이노-야세네츠키 교수 기념 국립의과대학교	1942
4	크라스노야르스크	V. 아스타피예프 기념 크라스노야르스크 교육대학교	1932
5	크라스노야르스크	크라스노야르스크 국립미술원	1987
6	노릴스크	노릴스크 공업대학	1961
7	크라스노야르스크	학술원 회원 M. F. 레셰트네프 기념 시베리아 국립 항공대학교	1959
8	크라스노야르스크	시베리아 국립공과대학교	1930
9	크라스노야르스크	시베리아 경영심리대학	1994
10	크라스노야르스크	시베리아 연방 대학교	2006

3) 문화예술 기관

크라스노야르스크변강주는 이르쿠츠크, 옴스크 지역과 함께 시베리아 내 박물관 수가 많은 지역 중 하나이다. 1989년까지 크라스노야르스크에는 역사, 문학, 기술, 예술 등 다양한 주제로 341개의 공공 박물관이 있었다.

[표 3-12] 크라스노야르스크변강주 10개 주요 박물관

번호	지역	박물관	설립 년도
1	크라스노야르스크	크라스노야르스크 향토박물관	1889
2	크라스노야르스크	수리코프 기념 크라스노야르스크 국립미술관	1957
3	슈센스코예	슈센스코예 보호구역 박물관	1930
4	크라스노야르스크	수리코프 영지박물관	1948
5	크라스노야르스크	성자 니콜라이 증기선 박물관	1886
6	미누신스크	미누신스크 향토박물관	1877
7	크라스노야르스크	평화의 광장 박물관	1987
8	노릴스크	노릴스크 미술관	1973 1976
9	크라스노야르스크	크라스노야르스크 문학박물관	1997
10	두딘카	타이미르 향토박물관	1937

크라스노야르스크 향토박물관

크라스노야르스크 향토박물관은 시베리아와 극동에서 가장 오래된 박물관 중 하나이다. 전시 면적은 3,500 평방미터로 연간 30만 명 이상의 관광객이 방문한다. 2002년에는 러시아 최고의 지역 박물관으로 인정받았다. 2008년 '변화하는 세상에서 변화하는 박물관' 대회에서 수상했다.

[그림 3-8] 크라스노야르스크 향토박물관 (출처: 위키피디아)

[그림 3-9] 수리코프 기념 크라스노야르스크국립미술관 (출처: 위키피디아)

수리코프 기념 크라스노야르스크국립미술관

수리코프 기념 크라스노야르스크국립미술관은 우랄산맥 외곽에서 가장 중요한 미술 작품 소장 박물관 하나로 약 1만 6천 점을 소장하고 있다. 박물관 건물은 러시아 민족문화유산으로 인정받아 국가의 보호를 받고 있다.

4) 기념일과 축제

크라스노야르스크 변강에는 많은 축제가 열리는데 그중 대표적인 축제는 다음과 같다. 2월에는 '말 경주 축제(Конно–спортивный праздник)'가 열린다. 이 축제는 흔히 사람들이 알고 있는 경마가 아닌 얼음 위에서 말을 타고 경주하는 축제로 매우 특이하다. 축제 개최 시기는 보통 매년 2월 말에서 3월 초 또는 중순까지 얼음 상태에 따라 달라진다.

2010년에 41번째 축제를 맞이하였고, 노보숄롭스키 지역(Новосёловский район)에서 열렸다. 4월에는 '예니세이 재즈 Jazz'가 열리는데, 크라스노야르스크 필하모니 콘서트홀에서 열리는 재즈 음악회다. 이 축제는 1980년부터 시작되었으며, 러시아 출신뿐만 아니라 전 세계적으로 유명한 재즈 스타들이 이곳에서 매년 연주한다. 보통 4월 초에 시작하여 짧게는 2주 길게는 한 달까지 공연한다.

매년 5월에는 '박물관의 밤'이라는 축제가 국제 박물관의 날 바로 전날 크라스노야르스크변강주 역사 박물관에서 열린다. 이곳에는 러시아 전 지역의 예술 작품뿐만 아니라 세계적인 예술 작품들이 전시되며, 음악회, 뮤지컬 공연 등 다양한 종류의 행사도 함께 진행된다. 6월에는 크라스노야르스크 변강주의 중요한 축제인 '크라스노야르스크 시의 날' 행사가 있다. 이날은 크라스노야르스크 시내에서 오후 2시부터 4시까지 테마별로 여러 가지 의상을 갖춰 입고 거리 행진하며, 원활한 행사 진행을 위해 도로의 차량을 통제한다. 극장 광장, 제르진스키 소공원, 평화 광장, 평화 거리, 혁명 광장 등 많은 곳에서 다양한 프로그램이 진행되는데, 프로그램으로는 풍선 축제, 갈라 콘서트, 예니세이 고전 명작 축제, 민속음악 축제 등이 있으며, 저녁 11시부터 30분간 불꽃놀이로 축제의 막을 내린다.

대표적인 축제 중 마지막으로 소개할 축제는 '석주 등반의 날(День столбиста)'다. 이 축제는 매년 9월 중순 크라스노야르스크 자연보호구역에서 열리며 우리나라 말로 표현한다면 '암벽등반대회' 라고 할 수 있다. 매년 5천 명 이상의 관광객이 축제를 즐기러 오며, 2009년 9월에 158번째를 맞이했다. 이곳에서는 혼자 암벽을 등반하기도 하지만 사람들의 도움으로 여자, 어린이, 노인들도 함께 즐길 수 있다고 한다. 또 암벽등반대회뿐만 아니라 가요제, 자연환경 등 다른 볼거리도 많다.

미주

1 지금의 P255'시베리아(Siberia)'
2 17세기 시베리아의 러시아 최초 극지 도시로서 지금의 야말로네네츠자치구와 크라스노야르스크변강주 사이에 있다.
3 전문학교
4 귀족학교 또는 특성화 학교
5 러시아제국 시절의 행정 영토 단위로 1822년 톰스크주에서 분리

제3부

러시아 북극의 오늘: 자원과 환경 이야기

제1장

『겨울왕국』 오리지널 버전을 아시나요?*

최우익

2014년 애니메이션 영화 『겨울왕국 1』에 이어 2019년 『겨울왕국 2』도 흥행몰이에 성공했다. 이 영화는 처음에 한스 크리스티안 안데르센의 명작 『눈의 여왕』에서 영감을 받아 제작됐다. 『겨울왕국』은 독특한 캐릭터의 매력과 흥미진진한 스토리로 관객을 불러 모았는데, 무엇보다도 이 판타지의 세계로 우리를 끌어들인 요소 중 하나가 바로 '겨울'이 아닐까 생각한다. 사계절 모두 자신만의 특색이 나름대로 있지만, 겨울은 어느 계절보다도 비주얼이 남다르다. 온천지가 눈으로 뒤덮인 세상을 바라보노라면, 그 속에서 우리는 삶의 무게를 잠시 내려놓고 무언가에 홀린 듯 설레고 두근거리곤 한다.

그러한 겨울왕국이 판타지로만 존재할까? 우리 곁에 실재하는 겨울왕국이 있다. 바로 북극이다. 북위 90도 북극점 위치에는 대륙이 없고 빙하만 있다. 하

* 이 글은 한국외국어대학교 러시아연구소 주간 온라인 칼럼 Russia·Eurasia Focus (2020년 제563호)에 실린 내용을 수정한 것임.

지만 우리가 통상 북극으로 정의하는 북위 66도 이상의 지역에는 여러 나라에 걸친 육지와 해안이 있고, 이곳에서는 오래전부터 인류가 살아왔다. 스웨덴, 노르웨이, 핀란드, 덴마크, 아이슬란드, 캐나다, 미국, 러시아의 북쪽 영토는 북극의 범위에 들어가며 이들 8개국은 오늘날 북극이사회를 구성하고 있다. 우리나라는 의결권은 없지만, 북극이사회 회의에 참여해 의견을 개진할 수 있는 정식 옵서버 자격을 2013년에 얻었다.

이 글에서는 바로 세계의 북극 영토 중 가장 큰 면적을 차지하는 러시아 북극에 관한 이야기를 풀어보려 한다. 이곳은 한겨울에 평균 영하 40~50도까지 온도가 떨어지고 일 년 중 250일은 눈과 얼음으로 덮여 있다. 여름에는 간혹 온도가 20~30도까지 오를 때도 있지만, 땅을 조금만 파 봐도 그 밑은 여전히 얼음덩어리다. 러시아의 북극 도시 오이먀콘은 영하 71.2도까지 떨어진 적도 있다. 그래서 사람들은 이곳을 동토의 땅이라고 부른다.

이곳에서는 사람들이 이동하기 위해 여름에는 강의 수로를 이용하거나, 아니면 헬리콥터를 타야 한다. 늪지대가 많아 길을 내기가 쉽지 않다. 도로와 철도는 주요 도시 주변에 단단히 기초 공사를 하고 조금 깔아 놓았을 뿐이다. 하지만 겨울에는 '짐니크(зимник)'라고 부르는 겨울 도로가 뚫린다. 언 땅 자체가 도로의 기초가 된다. 또한, 언 강 위와 호수에도 도로 표지판이 새로 세워진다. 얼었다고 아무 데나 건너서는 안 된다. 겨울에도 필요한 경우 배가 다닐 수 있도록 쇄빙선이 주기적으로 언 강 위에 뱃길을 뚫어 놓으므로 정해진 곳으로만 사람이든, 자동차든 강을 건너야 한다.

이곳에서는 주로 봄에 강과 호수의 범람이 일어난다. 바로 겨우내 쌓인 눈과 얼음이 봄에 한꺼번에 녹으면서 이러한 일이 벌어진다. 이 과정에서 늪과 호수의 모양도 매년 달라진다. 이러다 보니 보통의 기술로는 도로를 제대로 건설할 수 없다. 얼었다 녹았다 하다 보니 지반이 불안정하여 때로는 철도가 유실될 때도 있다. 따라서 도로와 철도를 신속하게 복구할 준비가 항상 되어 있다. 이처럼 불안정한 처지이다 보니 북극에서 차를 한두 시간 기다리는 일은 드문 일이 아니다. 한적한 도로에 멈춰 서 있는 차를 발견하면 어떤 어려움이 있는지 서로 살피는 것이 이곳 사람들의 기본 수칙이다.

여기에서는 여름을 '녹색 겨울(зеленая зима)'이라고 부른다. 여름은 색깔만 녹색일 뿐이지 겨울과 별반 다를 바 없다. 따라서 평소에 모든 것은 겨울을 기준으로 맞추어져 있고, 항상 겨울을 대비해야 한다. 그렇다고 사람들의 마음속까지 얼어 있는 것은 아니다. 여름에는 버섯을 따고, 낚시를 즐기며, 겨울에는 스키를 타고, 썰매를 달린다. 외부인을 항상 반갑게 맞이하고 가족처럼 대하는 것이 북극 사람들의 태도다. 오랜 세월 북극에 살면서 겨울에 적응하고 이를 즐기는 것이 이곳 겨울왕국 사람들의 삶의 모습인 것이다.

그런데 지구온난화 현상이 생기면서 이 겨울왕국의 모습이 달라지고 있다. 온난화 현상 자체는 과거에도 있었지만, 대부분 자연 활동에 의한 것이었다. 하지만 20세기 후반부터는 인류의 활동이 온난화를 유발하고 있다. 산업화와 함께 이산화탄소의 양이 계속 늘어나면서 온실 효과가 나타나고, 인류가 숲을 파괴하거나 대기 환경이 오염되면서 온난화 현상이 더 심해지고 있다. 지구온난화로 바다의 수온이 오르고 빙하가 녹아내려 해수면이 상승하자 해양생태계가 변하기 시작했다. 게다가 북극 지역에서 산업 개발이 가속화하면서 환경오염이 심해지자 육상생태계도 심각한 위협을 받게 됐다. 육상에는 인간의 거주지가 있으므로 이것은 인류에게 더 치명적이다.

북극은 소수민족을 중심으로 오랜 세월 인류가 추위에 적응하며 독특한 삶의 방식을 만들어온 공간이다. 20세기에는 근대화가 진행되고 외부로부터 주민들이 유입되기 시작했는데, 최근에는 급속한 산업 개발로 사회·문화적, 정치·경제적 변동이 일어나기 시작했다.

사실 북극에서 인류가 살게 된 것은 녹록지 않은 과정이었다. 네네츠인, 한티인, 야쿠트인 등 여러 북극 소수민족의 문화는 주로 북부 원시민족과 중부, 남부 시베리아 민족 간의 교류 과정에서 형성됐다. 남부의 민족들이 북상한 이유는 대부분 주변에 있던 강한 민족의 침략과 정복을 피해서였다. 처음부터 혹한의 추위 속에서 살고 싶었던 민족은 없었을 것이다. 타민족의 정복을 피해 어쩔 수 없이 북상하는 과정에서 북부의 원시민족을 만나게 됐고, 그들과 융합하면서 독특한 북극 문화를 만들어낸 것이다.

그다음 북극으로 이주한 사람들의 행렬로는 러시아 구교도를 꼽을 수 있다. 17세기 러시아 정교의 분열과 박해 속에서 일부 구교도가 북극으로 피신해 정착했다. 하지만 이들은 북극의 삶에 조용히 묻혀 지냈다. 북극을 본격적으로 변화시키기 시작한 첫 번째 이주 집단은 바로 소련 시대의 소위 '정치범'들이었다고 할 수 있다. 1920~30년대부터 정치범의 강제노동수용소가 북극 여기저기 세워졌고, 이를 통해 사회주의적 근대화의 첫 발걸음이 떼어졌다. 그 후로는 소련 국민의 자발적 이주가 시작됐는데, 물론 이것도 순수하게 자발적인 것은 아니었다. 예를 들어 보통 지역보다 70~100% 높은 보수, 무료 숙소 제공, 2년에 1회 가족 휴양권 지급, 퇴직 연령 5년 단축, 각종 사회 및 문화 인프라 제공 등과 같은 유인책을 통해 일반 국민의 이주를 유도했다. 사실 이러한 국가 차원의 지원 없이는 북극으로의 이주와 개발은 불가능했을 것이다.

그런데 러시아가 시장개혁을 하면서 이러한 국가 차원의 북극 지원 체제가 무너졌다. 각종 국가 지원이 중단됐고, 보조금으로 운영되던 비영리 기업들이 문을 닫았으며, 따라서 주민의 실업률이 높아지고 생활 수준이 낮아졌다. 이제 주민들이 북극에 더 머물 이유도 없고, 현실적으로 머물 수도 없게 됐다. 러시아 북극 인구가 시장 개혁기에 급속히 감소했다는 것은 익히 알려져 있다. 1990년 시점 약 16만 명이었던 추콧카 인구는 2017년 시점 5만 명으로 줄었고, 카렐리야 인구는 약 80만 명에서 62만 명으로, 코미 인구는 124만 명에서 84만 명으로, 아르한겔스크 인구는 152만 명에서 111만 명으로, 무르만스크 인구는 119만 명에서 75만 명으로 줄었다. 일부 지역에서 최근 인구가 조금 회복됐는데, 주로 석유와 가스를 비롯하여 지하자원 채굴 산업이 활발히 전개되고 있는 네네츠, 야말-네네츠, 사하와 같은 곳들에서이다.

러시아의 석유와 가스 산업에서 북극이 차지하고 있는 비중은 절대적이다. 가스의 약 80%, 석유의 약 70%가 북극에서 채굴된다. 21세기 러시아의 가장 '핫'한 산업체로는 야말 LNG 프로젝트를 수행하고 있는 노바테크(Новатэк) 회사를 꼽을 수 있다. 노바테크는 2013년 야말반도 주변의 가스채굴권을 따낸 후 사베타(Сабетта) 항구에 대규모 LNG 수출 시설을 갖췄으며, 이제 겨울에도 쇄빙 LNG선을 운항시켜 북극항로를 따라 LNG를 전 세계로 수출하고 있다. 2002년 사베타는 인구가 19명에 불과한 한적한 마을이었는데, 2017년에는 인구가 33,750명으로 늘었다. 이들은 바로 이곳에서 일하는 기업 임원, 전문 기술자, 노동자들이다.

이들은 여기서 주로 교대 노동 방식(вахтовый метод работы)으로 일한다. 노동자들은 소규모 폐쇄 집단에 거주하며 그곳을 이탈할 수 없다. 이들은 기숙사와 비슷한 캠프에 거주하며, 여럿이 한 방에 살고 식당에도 함께 가는 매우 규제된 생활 방식을 취한다. 모든 음식과 옷을 회사에 의존하며 약 2~3개월 일하고 1개월 휴식하는 방식으로 교대된다. 월급은 직종에 따라 약 8만~18만 루블(약 140~320만 원)로 이것은 러시아 평균 월급의 약 2~4배에 달한다. 따라서 몇 번 교대되고 일하면 제법 목돈을 만질 수 있다. 이러한 정교하고 독특한 삶의 방식이 지금 러시아 북극에서 나타나고 있다.

한편에서는 인구가 줄어 유령도시가 생기고 있지만, 또 한편에서는 거대한 산업체가 건설되고 있다. 한편에서는 결빙 기간이 줄어 그만큼 북극항로를 이용할 수 있는 기대감이 커지고 있지만, 또 한편에서는 해양생태계의 파괴가 우려되고 있다. 한편에서는 석유를 수출하여 오일 머니를 벌어들이고 있지만, 또 한편에서는 기름 유출로 환경오염이 심각해지고 있다. 이 북극의 변화가 우리에게 축복이 될지, 재앙이 될지 아직 알 수 없다. 다만 우리에게 이 겨울왕국이 늘 설렘 가득한 공간으로 남았으면 하는 바람이다.

러시아 코미 공화국 보르쿠타의 유령 도시 (출처: 최우익)

제2장

러시아 북극권 자원 개발과 LNG 수송선 수요 확대*

한국에 주는 시사점

김봉철

러시아는 장기 에너지 전략을 세워 5년마다 수정·보완한다. 이 중 천연가스 생산을 주목할 필요가 있다. 러시아는 천연가스 생산량을 2018년 대비 2024년까지 3.4배, 2035년까지 최대 7.4배로 늘릴 계획이다. 이 계획의 중심에는 북극권 야말반도가 있다. 시베리아 최북단에 위치해 '세상의 끝'이라고 불리는 야말반도는 러시아 북극권 자원 개발에서 매우 상징적인 곳으로 유명하다. 북극권에는 전 세계 천연가스의 30%가 매장되어 있다고 알려졌는데, 현재 북극권 대부분의 천연가스 개발이 야말반도를 중심으로 진행되고 있다. 러시아의 야심적인 야말반도 자원 개발 프로젝트는 이 지역에서 연간 1,650만 톤의 가스를 생산하여 유럽과 아시아 각국으로 수출하는 것을 목표로 한다.

문제는 얼음으로 뒤덮인 야말반도에서 천연가스를 유럽과 아시아·태평양

* 이 글은 한국외국어대학교 러시아연구소 주간 온라인 칼럼 Russia·Eurasia Focus (2020년 제585호)에 실린 내용을 수정한 것임.

지역으로 운반하는 것이다. 현지에서 수송 목적지까지 수송관을 건설하여 운송하는 방법이 활용되기도 하지만, 북극해 선박 항로를 활용하여 수송선으로 운송하는 방법이 중요하다. 일반적으로 천연가스의 선박 운송에서 필요한 것은 액화천연가스(LNG) 기술과 LNG 수송선이다. 천연가스를 액체화하여 수송 선박에 담아 옮기는 방법이다. 그러나 북극 지역 항로로 운송하려면 일반적인 LNG 수송선이 아닌 혹독한 추위에도 견딜 수 있게 특수한 내구성을 가진 선박 구조가 필요하다. 더 나아가 이러한 선박에는 두꺼운 얼음을 부수며 운항해야 하는 쇄빙 기능도 요구된다.

특히 북극을 가로지르는 쇄빙선은 보통 쇄빙선과는 차원이 다르다. 보통 쇄빙선이 엔진의 힘으로 힘차게 나아가며 얼음을 부순다면, 북극 쇄빙선은 뱃머리를 얼음 위로 올린 뒤 그 무게를 이용해 얼음을 깨는 고도의 기술이 요구된다. 러시아는 오랜 쇄빙선 건조 경험과 기술을 발전시켜 원자력을 이용한 대형 쇄빙선을 만들고 있으며, 대형 쇄빙선의 출현은 북극 항로 개척과 활용에서 혁명적 변화를 가져왔다. 북극 지역의 온난화 현상으로 항해 가능 일수가 늘어나고 있는 동시에, 쇄빙선 기술의 혁신으로 북극해를 항해하는 것이 유리한 상황으로 바뀌었다. 쇄빙 기능을 갖춘 대형 수송선은 이제 북극항로의 보편적인 활용에 촉매제 역할을 담당하고 있다.

최근 한국 조선 3사와 카타르 사이의 대량 LNG 수송선 건조 초기 계약이 이루어졌다. 카타르는 2020년 현재 세계 최대 천연가스 생산국으로, 2027년까지 연간 천연가스 생산량을 2배 이상 늘리는 것을 목표로 하고 있다. 이에 따라 카타르의 LNG 수송 능력 향상에도 관심이 집중됐다. 카타르는 연간 LNG 수송량을 7천7백만 톤에서 1억2천6백만 톤으로 늘리는 프로젝트와 함께 현재 74척인 LNG 수송선도 190척으로 확대할 계획이라고 발표한 바 있다. 이 과정에서 2020년 6월 한국 조선 3사가 카타르의 국영 정유사인 '카타르 페트롤리엄'에서 LNG 운반선 100척, 총액 23조원 규모 '발주 권리 보장하는 약정'을 체결하였다. 대규모 프로젝트에서 정식 발주에 앞서 선박 건조를 위한 공간인 슬롯을 확보하기 위한 계약이며, 이 계약은 올해부터 2024년까지 순차적으로 진행될 예정이다.

대우조선해양은 같은 기간에 러시아 지역 선주에게서 9,013억 규모의 LNG 바지선 2척도 수주했다. LNG 바지선은 LNG 쇄빙 수송선과 일반 LNG 수송선의 연결 저장소와 같은 역할을 담당한다. 해상에 떠 있는 LNG 바지선 터미널을 통해서 북극 지역에서 공급되는 천연가스가 유럽이나 아시아 지역으로 더 빠르고 저렴하게 운송될 것으로 관측된다. 이처럼 한국의 LNG 수송선과 쇄빙 LNG 수송선 건조 기술은 뛰어나다. 이미 LNG 수송선 세계 점유율 90%를 차지하고 있고, 카타르에서 23조 6천억 원 규모를 수주하면서 다시 한번 세계 1위를 탄탄히 지키는 계기를 만들었다. 조선업의 성과는 당연히 관련 산업에도 긍정적인 효과를 줄 것이다.

그러나 한국의 조선업과 관련 산업이 가지는 기술 우위의 시장 점유율은 언제든 바뀔 수 있는 상황이다. 무엇보다도 최근 중국이 빠른 속도로 기술력을 따라잡고 있다는 점에서 긴장하지 않을 수 없다. 2015년 러시아 국영 에너지 기업 노바테크가 발주한 쇄빙 LNG 수송선 15척도 모두 대우조선해양이 수주했지만, 2020년 5월 노바테크에서 발주한 10척의 LNG 수송선 수주 경쟁에서는 예전과 다른 결과가 나타났다. 한국 조선업계가 전량 수주에 자신 있었던 것과는 달리, 절반인 5척을 중국 조선사에 내주었는데, 이는 업계에 상당한 충격이었다.

한편 최고를 자부하는 한국의 LNG 수송선 기술에도 약점이 있다고 한다. 한국 기술력의 약점으로 지적되는 것이 LNG 수송선의 화물창 건조 기술과 같은 원천기술이다. 이 화물창은 영하 160도에서 LNG를 유지해야 하는데, 화물창의 내부 온도가 조금만 올라가도 가스가 폭발할 위험이 있어서 정교한 기술이 필요하다. 현재 모든 LNG 수송선 조선업계는 프랑스 GTT사의 기술력을 이용하고 있는데, 이 원천기술에 대해서 LNG선 1척당 상당한 로열티를 감당해야 한다. 이에 한국의 조선 3사는 독자적으로 화물창 기술을 개발해 해외 선주들에 선보이고 있지만, 비싼 선박에 위험한 모험이라고 판단했는지 현재까지는 GTT사가 화물창 시장을 독점하고 있다.

세계는 이미 LNG 수송선 시장의 가능성을 보았다. 게다가 코로나19 사태와 맞물렸던 석유 시장의 한계는 천연가스와 LNG 수송의 매력을 다시 돌아보게 했다. 러시아는 LNG 수송관을 적극적으로 개발해 동유럽을 지나 독일과 서유럽까지 영향력을 확대하고 있다. 한국도 한때는 러시아에서 북한을 지나 들어오는 LNG 수송관을 건설하여, 북한을 포함한 다자 협력과 동시에 장기적인 에너지 안보, 저렴한 대체 에너지를 계획했다. 육로를 통한 LNG 수송이 현실에 가로막히긴 했지만, 한국은 이제 해상 수송으로 대신할 만한 기술력과 기회를 보유하고 있다.

한국의 LNG 수송선 관련 조선업은 세계 최고를 달리고 있지만, 중국과 다른 강대국들의 치열한 경쟁에서 살아남으려면 앞으로 가야 할 길이 멀다. 이를 위해서는 LNG 수송선 산업과 함께 천연가스가 매장된 북극권 개발 참여, 북극항로 활용을 둘러싼 여러 현안을 면밀하게 파악할 필요가 있다. 산업과 경제적 측면의 연구와 함께 지속 가능성을 추구하는 인문·사회과학적 시각도 두루 갖추어야 한다. 북극 연구는 무한한 가능성이 있음에도 한국에서는 여전히 다양한 연구가 진행되지는 못하고 있다. 다양한 측면에서 북극 시장의 가능성을 읽고 다가갈 수 있는 인재를 양성하는 것도 지금 우리에게 주어진 중요한 과제이다.

노릴스크는 시베리아연방관구 크라스노야르스크변강주 타이미르자치구에 속하는 북극권 최대 모노타운(단일 산업도시)으로 북위 69°51'에 걸쳐 있다. 흥미롭게도 이곳 사람들은 자신들의 도시를 가리켜 '섬'이라고 부르고, 크라스노야르스크 같은 대도시 등 외부 세계를 가리켜 '본토' 또는 '육지'라고 부른다. 노릴스크는 니켈과 팔라듐, 코발트 같은 러시아 주요 전략 자원 생산지로 외부인 출입 금지 도시이기도 하지만, 바깥 세계로 연결되는 육로와 철도, 수로가 없어 항공편을 이용하지 않으면 출입 불가능한 영구동토 고립지여서 '섬'으로 불리곤 한다.

한편, 최근 러시아 국내외에서 노릴스크의 현재와 과거를 조명하는 영화들이 여러 편 나와 주목할 만하다. 예를 들면, 2014년에는 나탈리야 메샤니노바 감독의 극영화『희망 공장』이 나왔다. 2017년에는 캐나다 출신의 프랑수아 제

* 이 글은 한국외국어대학교 러시아연구소 주간 온라인 칼럼 Russia·Eurasia Focus (2020년 제615호)에 실린 내용을 수정한 것임.

이콥 감독이 다큐멘터리 영화 『니켈의 달에서』를 찍었다. 곧이어 2018년에는 프랑스 출신의 프랜시스-하비에르 데스토르스가 다큐멘터리 영화 『노릴스크. 영혼의 용해』를 선보였다. 2020년 8월에는 율리야 비시네베츠카야와 막심 파호모프의 20여 분짜리 단편 다큐멘터리 영화 『노릴스크. 유인도』가 나왔다.

노릴스크는 북극권 도시로는 이례적으로 일정 기간에 걸쳐 영화의 조명을 집중적으로 받았다. 게다가 이들 영화는 모두 제목부터 "진정한 북극 도시"(마를렌 라뤼엘)로서 노릴스크의 대표 이미지나 정체성을 강조한다. 『희망 공장』은 노릴스크의 존립 기반이 되는 세계적 광산 기업 노르니켈의 현지 제련소 이름에서 따왔다. 『니켈의 달에서』는 바로 노릴스크에서 채굴되는 니켈을 가리키고 『노릴스크. 영혼의 용해』는 '희망 공장'의 니켈 제련을 시사한다. 끝으로 『노릴스크. 유인도』는 노릴스크가 주민들 사이에서 영구동토의 '섬'으로 불리는 데서 나왔다.

이 중에서 『노릴스크. 유인도』는 그렇잖아도 대기오염이 심각한 노릴스크에서 2020년 5월 말 발생한 노르니켈의 연료용 보관 기름 유출 사고 속에 이곳이 북극 기후변화와 환경오염 문제로 세계적 관심 지역으로 떠오른 직후에 나와서 특히 흥미롭다. 실제로 『노릴스크. 유인도』는 첫 장면부터 심각한 대기오염을 부각한다. 이곳 사람들은 일반 주민이든 공장 근로자든 할 것 없이 실외에서는 모두가 니켈 공장 굴뚝에서 쉼 없이 쏟아져 나오는 유해 물질 함유 연기를 들이마시지 않으려고 간이 공기 정화기를 항상 지니고 다닌다. 공기 정화기는 주민들이 직접 만들어 쓰기도 하고 제품으로 사서 쓰기도 하는데, 이런 장치는 특히 공장에서 나오는 유해 가스가 바람을 타고 넓게 퍼지는 여름철에 긴요하다. 어떤 사람은 방독면 같은 것을 손수 만들어 쓰고 다니기도 한다. 노릴스크가 환경오염이 가장 심한 세계 10대 도시에 포함된다는 사실도 바로 여기서 직감할 수 있다.

노릴스크는 북극 툰드라의 극단적 자연조건 속에서 대기오염 등 공해도 심각하여 이곳 사람들 사이에서 가까운 '본토'로 통하는 크라스노야르스크 같은 대도시에서처럼 정상적인 일상생활을 영위하기엔 극도로 열악하다. 그런데도 러시아 각지에서, 심지어 중앙아시아 국가들에서 노릴스크를 찾아오는 사람들의 발길이 끊이지 않는다. 바로 노르니켈 공장에서 일하고 받는 돈이 적지 않기 때문이다. 노르니켈은 노릴스크에서 니켈 등 유용 지하 광물이 여전히 풍부하게 나오고 있어 노동력이 그만큼 많이 필요하다. 영화 속 인터뷰에 나오는 술자리에서 이반이라는 남자도 노릴스크까지 돈 벌러 찾아온 사연을 얘기하면서 친구의 권유로 왔다고 밝힌다. 이렇게 한 번 왔다가 지금은 이곳이 좋다고 눌러앉았지만, 그의 아내 나타샤의 말은 조금 다르다.

남편 이반은 노릴스크가 이제 좋다고 말하지만, 아내 나타샤는 자신들이 이곳에서 생활하는 게 아니라 그저 존재할 뿐이라고 말한다. 매일 집에서 일터로, 일터에서 집으로 쳇바퀴 돌 듯이 출퇴근만 할 뿐 '본토'에서처럼 생활다운 생활이 없다고 토로한다. 나타샤는 처음 이곳에 왔을 때 반년 동안 적응하지 못해 울기만 했다. 그녀의 말에 따르면 이곳에서는 어른들만 살기 어려운 게 아니라 아이들도 힘들다. 특히 그녀는 자기 아이들을 더 좋은 교육 환경을 위해 '본토'로 보내고 싶어 한다. 이곳에서는 일 년 중 절반가량 학교에 가고 싶어도 가지 못한다. 바람이라도 불어 날씨가 좋지 못하면 학교 문을 열지 않기 때문이다. 아이들이 날씨가 좋지 않아 학교에 가지 않고 집에 머물러 있어야 하는 제도는 과거 '노릴라크' 강제노동수용소 수감자들이 악천후로 강제노역에 나가지 않아도 되는 관행에서 나왔다.

이반과 나타샤 일행의 인터뷰에서 알 수 있는 흥미로운 사실 가운데 한 가지는 어느 모로 보나 정상적인 생활이 어려운 북극 오지, 사방으로부터 고립됐다고 해서 '섬'으로 불리는 노릴스크까지 굳이 찾아오는 이유가 몇 년 열심히 일하면 집을 살 때 빌린 융자금 같은 빚을 청산할 수 있기 때문이라는 것이다. 다시 말해 목돈이 필요한 사람들이 환경오염이 심각한 북극 툰드라 모노타운까지 멀리 찾아온다. 그리고 이들의 장래 바람은 여기서 열심히 벌어서 모은 돈으로 가까운 크라스노야르스크, 더 나아가서는 따뜻한 러시아 남부 지역으로 떠나 편안히 노후를 보내는 것이다. 하지만 실제로 이렇게 노릴스크를 떠난 사람 중에 적지 않은 사람이 이곳으로 다시 돌아온다. 낯선 곳에서 새로 적응해 사는 것보다는 대기오염으로 숨쉬기조차 힘들긴 해도 이미 익숙해진 노릴스크에서 사는 게 더 편하기 때문이다.

노릴스크 사람들은 이곳이 '러시아 광산업계의 지존'이자 '광석의 왕'으로 불리는 노르니켈 최고경영자 블라디미르 포타닌의 도시라고 말한다. 이들은 러시아의 대통령은 블라디미르 푸틴이지만, 이곳의 주인은 푸틴이 아니라 바로 포타닌이라고 말한다. 여기서는 모든 것이 포타닌이 결정하는 대로 따르고 이뤄진다. 그도 그럴 것이 포타닌이 소유한 니켈 광산과 공장은 노릴스크의 존재 기반이자 주민들의 생계 원천이다. 포타닌은 2020년 5월 말 발생한 기름 유출 사고와 관련해 푸틴 대통령에게 사고 수습 비용을 정부 지원 없이 전적으로 회사 자금으로 충당하겠다고 밝혔다. 이처럼 포타닌은 노릴스크와 관련된 모든 일에서 절대 지배자인 동시에 책임자이기도 하다.

노릴스크는 러시아 북극권 지역에서 인구 이동이 매우 활발하게 이뤄지는 도시다. 열악한 자연조건과 생활 여건에도 좋은 임금을 바라보고 이곳으로 찾아오는 사람들이 끊이지 않는다. 최근 들어 노르니켈에서 일하려고 찾아오는 사람 중 상당수는 우즈베키스탄이나 타지키스탄, 아제르바이잔 등 중앙아시아 출신 이주노동자들이 차지한다. 노릴스크의 인구 감소 속도가 다른 북극권 도시들보다 상대적으로 느린 것도 바로 중앙아 이주노동자의 대량 유입에 힘입은 바 크다. 그러나 정작 노릴스크에 사는 사람들은 모두 이곳을 떠나고 싶어 한다. 실제로 떠난 사람 중에는 이곳을 그리워한 나머지 다시 돌아오는 사람이 적지 않다고 하지만, 젊은이들 사이에서는 이곳 생활이 '새장에 갇힌 것' 같다고 답답함을 토로하며 언젠가는 꼭 '본토'로 떠나고야 말겠다는 사람도 많다. 또 돈을 벌려고 노릴스크로 와서 노르니켈 공장에서 일하다 유해 물질에 노출돼 각종 질병을 앓다 건강을 잃고 이곳을 떠나거나 목숨을 잃는 사람도 적지 않다.

공동묘지에서 만난 한 남자도 노릴스크에서는 모든 것이 영구적이라기보다는 임시적이라고 말하면서 모두가 언젠가는 '본토'로 떠나려고 한다고 덧붙인다. 공동묘지에서 쓰레기를 치우며 환경 정화 작업을 하는 이 남자의 말에 따르면 노릴스크에서는 이제 사람이 죽으면 매장하지 않고 화장한다. 시신을 땅에 매장하면 기후변화로 땅이 녹으면서 시신이 밖으로 드러날 수 있기 때문이다. 이는 노릴스크를 비롯한 러시아 북극권 지역에서 자연적, 사회적 풍경이 바로 기후변화에 많은 영향을 받고 있음을 뒷받침해주는 사례다. 또한, 노릴스크에서는 모두가 일자리를 잃지 않으려고 전전긍긍한다. '본토'의 경제 상황이 이곳보다 훨씬 더 좋지 않아 여기서 일자리라도 잃게 되면 다른 데 가서 새로운 일자리를 찾기가 매우 어렵기 때문이다.

『노릴스크. 유인도』는 마지막 부분에서 2017년 『니켈의 달에서』도 자세히 소개한 리투아니아 출신의 중년 남성 노동자의 이야기를 들려준다. 그는 뼛속까지 리투아니아 사람이지만, 생애 대부분을 러시아에서 살았다고 말하면서 자신이 노릴스크에 와서 지금까지 사는 동안 1990년대처럼 2차 세계대전 당시 '레닌그라드 봉쇄'만큼이나 어려운 시절도 있었지만, 열심히 살면서 모두 잘 이겨냈다고 자랑스럽게 말한다. 그는 특히 옛날에 노릴스크로 왔던 사람들은 소련에서 가장 훌륭한 청년들이었다고 말하면서 노릴스크를 둘러싼 '소비에트 노스탤지어'를 환기한다.

잘 알려졌듯이, 1950~60년대 수도 모스크바를 비롯하여 소련 각지에서 몰려온 콤소몰(공산주의청년동맹) 자원자들이 노릴스크로 몰려와서 건설 현장과 지하 광산, 제련 공장에서 일했다. 오늘날 이들은 노릴스크의 '금속인'들로 자랑스럽게 기억된다. 현재 노릴스크 신도심을 형성하는 현대식 건축물 외벽에 바로 이들의 활약상을 보여주는 벽화들이 그려져 있다. 리투아니아 남자가 상기하고 향수를 느끼는 노릴스크의 자랑스러운 과거 이야기는 바로 이런 벽화들에 담겨 있고 2020년 7월 17일 노릴스크 신도심의 그바르데이스카야 광장에 조성된 '노릴스크 금속인 기념비'에 새겨져 있다.

노릴스크는 분명히 영광스러운 역사를 간직하고 있다. 그러나 '뼈 위의 도시'라는 오명에서 짐작할 수 있듯이, 노릴스크에는 강제노동수용소의 정치 박해 희생자들에 관한 어두운 역사도 매우 중요하다. 그러나 이런 노릴스크의 '흑역사'는 『노릴스크. 유인도』의 마지막 부분에서 노릴스크 시장과 노르니켈 관계자들이 등장하여 노릴스크의 영광을 찬미하는 소리에 뒷전으로 밀려 잘 드러나지 않는다. 과거사 진상을 정확히 밝히고 희생자를 추모하고 상처를 치유하자는 소리는 노르니켈 최고경영자에게도, 영화 마지막 부분을 장식하는 이반과 나타샤 등 노르니켈 노동자들에게도 제대로 전해지지 못한다. “노예처럼 일한다”라고 탄식하는 나타샤 같은 사람들에게 정치 박해의 과거사 문제는 그렇게 절실하게 다가오는 것 같지는 않아 보인다.

제4부

러시아 북극 중앙부 지역의 시각 이미지

제1장

살레하르트

살레하르트 시내의 얼음 조각

살레하르트 주택의 벽화

Мы делаем Россию сильнее

Победа!
9 мая

네네츠인 민속 문양으로 장식된 아파트 외벽

ИВАНОВЕЦ
ТКАНИ
ФУРНИТУРА
ВСЕ ДЛЯ ШИТЬЯ И РУКОДЕЛИЯ

살레하르트 향토박물관 전시물

살레하르트 향토박물관 판화 소장품

살레하르트 향토박물관

살레하르트 향토박물관 레닌 판화

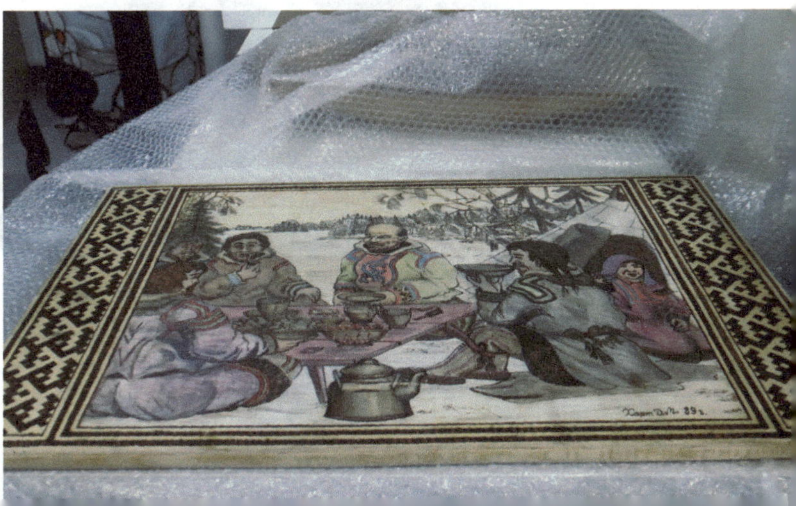

거리에서 물건을 파는 네네츠인

네네츠인들이 거리에서 파는 북극 지역 각종 산딸기류

살레하르트 레닌 기념 동상

살레하르트 민속 거리의 이정표

살레하르트 개척자 기념 동상

살레하르트 개척 당시 성채

살레하르트 민속 거리의 야말 기념 조형물

살레하르트 개척 당시 성채 대문

야말 기념 다리

북위 66도 북극권 경계선 기념비

야말네네츠자치구 기념 조형물

1970년대 개척자 기념비

러시아 북극의 영웅들 기념비 조성 예정지

살레하르트 전쟁공원

살레하르트 상징 북극여우 조형물

살레하르트 민속 거리 부근 러시아 정교회 성당

살레하르트 이슬람 사원

야말네네츠자치구 청사

야말네네츠자치구 청사 앞 얼음 조각

살레하르트 중심가

ПАССАЖ
СТОП

제2장

노비우렌고이

노비우렌고이 가스프롬 지사 청사

노비우렌고이 가스프롬 역사 박물관

노비우렌고이 가스프롬 지사 기념탑

노비우렌고이 가스프롬 전쟁 기념 광장 중앙탑

노비우렌고이 가스프롬 전쟁 기념 광장

노비우렌고이 가스프롬 전쟁 기념 광장 전시물

노비우렌고이 가스프롬 전쟁 기념 광장 전시물

노비우렌고이시 청사

노비우렌고이시 청사 앞 광장

노비우렌고이 아침가스 건물

노비우렌고이 버스터미널

노비우렌고이 거리 모습

노비우렌고이 버스터미널 인근 광장 새해 기념 조형물

노비우렌고이 버스터미널 부근에 설치된 기관차

노비우렌고이 버스터미널 앞에 대기 중인 가스프롬 소속 출퇴근 버스

노비우렌고이 주택가에서 눈 속에 파묻힌 차량들

제설 작업에 한창인 제설 장비들

노비우렌고이 북극성 호텔

제3장

크라스노야르스크

크라스노야르스크 공항 청사

크라스노야르스크 공항 청사 내부

크라스노야르스크 공항 청사 내 홍보 전광판

크라스노야르스크 호텔과 중앙광장

크라스노야르스크 시계탑

크라스노야르스크 350주년 기념 중앙광장

작가 안톤 체호프 기념 동상

크라스노야르스크 향토박물관

크라스노야르스크 향토박물관 전시물

예니세이 강변 선박 조형물

크라스노야르스크 예니세이 강변 산책로

예니세이 강변의 크라스노야르스크 현판

예니세이강의 어부

크라스노야르스크 코무날니대교

크라스노야르스크 출신 19세기 화가 바실리 수리코프 기념 동상

2019 동계 유니버시아드 홍보 조형물

예니세이 강변의 물고기 대왕 기념 조형물

예니세이강

크라스노야르스크 수력발전소

시베리아연방대학교

러시아 북극의 인문공간 II

중앙부 편

초판 인쇄 2021년 2월 22일
초판 발행 2021년 2월 28일

지은이 최우익 · 라승도· 김봉철
발행인 윤성우 Director, University Knowledge Press
편집장 신선호 Executive Knowledge Contents Creator
도서편집 이근영 Contents Creator
장혜정 Contents Creator
디자인 우승민 Designer
한 지 Designer
재무관리 조아라 Managing Creator
정윤경 Managing Creator
전자책·사전 장지혜 Contents Creator
발행처 한국외국어대학교 지식출판콘텐츠원
02450 서울특별시 동대문구 이문로 107
전화 02)2173-2493~7
FAX 02)2173-3363
홈페이지 http://press.hufs.ac.kr
전자우편 press@hufs.ac.kr
출판등록 제6-6호(1969. 4. 30)
인쇄·제본 (주)트윈벨미디어 02)2088-1810

ISBN 979-11-5901-860-2 [94920] 정가: 30,000원
979-11-5901-776-6 (세트)

* 잘못된 책은 교환하여 드립니다.

HUINNE 은 한국외국어대학교출판부의 어학도서, 사회과학도서, 지역학 도서 Sub Brand이다. 한국외대의 영문명인 HUFS, 현명한 국제전문가 양성(International+Intelligent)의 의미를 담고 있으며, 휴인(携引)의 뜻인 '이끌다, 끌고 나가다'라는 의미처럼 출판계를 이끄는 리더로서, 혁신의 이미지를 담고 있다.